Antisemitismus von Links

Facetten der Judenfeindschaft

Baustein 8

Dr. Thomas Haury, geb. 1959, arbeitet seit seinem Studium der Soziologie sowie der Neueren und Neuesten Geschichte als Dozent. Seine Arbeits- und Forschungsschwerpunkte sind Antisemitismus, linker Antizionismus und Nationalismus.

In der Publikationsreihe *Bausteine* werden von Wissenschaftler*innen, Pädagog*innen und Publizist*innen pädagogische und gesellschaftspolitische Aspekte der Frage diskutiert, wie eine dem Schutz der Würde aller Menschen verpflichtete Schule verwirklicht werden kann.

Genderneutral – ja oder nein?
Wir überlassen es den Schreibenden, ob sie in ihren Artikeln von Lehrern, Lehrer_innen, Lehrer*innen, LehrerInnen oder von Lehrerinnen und Lehrern sprechen. So viel Freiheit und Vielfalt muss sein.

Impressum

Konzept: Eberhard Seidel

Erste Auflage 2019

Herausgegeben durch die Bundeskoordination
Schule ohne Rassismus – Schule mit Courage, in der Trägerschaft des Aktion Courage e.V.

ISBN 978-3-933247-75-9

Einleitung

Antisemitismus wird zu Recht primär auf Seiten der politischen Rechten verortet: International ist er ein konstitutiver Bestandteil rechtsextremer beziehungsweise faschistischer Ideologie ebenso wie radikaler islamistischer und dschihadistischer Strömungen. Diese Antisemitismen manifestieren sich immer wieder in entsprechenden Gewalttaten. Erinnert sei hier nur an den Anschlag in Halle 2019 sowie die antisemitischen Mordtaten auf eine Synagoge in Pittsburgh in den USA 2018 und in einem jüdischen Supermarkt in Frankreich 2015. Insbesondere nach Auschwitz trat in den westlichen Ländern ein öffentlich geäußerter und zu einer umfassenden Weltanschauung ausformulierter Antisemitismus nur noch in rechten Gruppen, radikal-islamistischen Gruppen und esoterischen Zirkeln auf.

Jedoch finden sich auch im linken Spektrum immer wieder Äußerungen, staatliche Maßnahmen wie auch Gewalttaten, die eindeutig als antisemitistisch zu klassifizieren sind. Ein Antisemitismus von links erscheint paradox, widerspricht dies doch einem linken Selbstverständnis: fortschrittlich, humanistisch, antirassistisch, gegen rechts und insbesondere antifaschistisch zu sein. Doch auch linke Weltdeutungen weisen Bestandteile und Momente auf, die jenen des Antisemitismus nahestehen oder mitunter derart ähneln, dass ein nicht offen ethnisch-rassistisch formulierter Antisemitismus in sie einfließen oder aus ihnen heraus entstehen kann. Es lassen sich bis heute zwei zentrale Themenfelder eines Antisemitismus von linker Seite identifizieren. Erstens eine personalisierende Interpretation von Kapitalismus oder Imperialismus: In einer

– völlig unmarxistischen – zugleich personalisierend-verschwörungstheoretischen wie nationalistischen Deutung des ökonomisch-gesellschaftlichen Systems Kapitalismus (oder „Imperialismus") wird der Kapitalismus auf Geld, Banken und Börse reduziert. Einer kleinen Gruppe von internationalen Kapitalisten, Bankern und Spekulanten wird dann der Nationalstaat, das „Volk" oder „die Völker" als das Gute entgegengesetzt. Das zweite Themenfeld ist der Israel-Palästina-Konflikt, wenn dieser, wie auf linker Seite häufig zu finden, als Gegensatz zwischen einem imperialistisch-rassistischen Bösen, „dem Zionismus", und dem rein Guten, dem „palästinensischen Volk", mit dessen Kampf man sich identifizieren will, gesehen wird.

Zur bislang öffentlichkeitswirksamsten Debatte über Antisemitismus von links kam es 2011 im Zusammenhang mit der Partei DIE LINKE. In allen großen Medien wurde über Wochen berichtet, interviewt und debattiert, CDU und FDP setzten das Thema (zweifelsohne auch aus parteipolitischem Kalkül) auf die Tagesordnung des Bundestages. Ausgelöst wurde die Kontroverse durch einen sozialwissenschaftlichen Aufsatz, der eine lange Reihe von israelfeindlichen Vorkommnissen und Statements aus den Reihen der Partei DIE LINKE auflistete und zu dem Schluss kam, es gebe eine von einer relevanten Minderheit von Parteimitgliedern betriebene Israelfeindschaft, die „häufig antisemitische Züge aufweist", von der Gesamtpartei aber toleriert werde:[1]

- 2010 befanden sich drei prominente Mitglieder der LINKEN an Bord der so genannten „Friedensflotte", welche die israelische Seeblockade des Gaza-Streifens durchbrechen wollte. An Planung und Durchführung dieser blutig endenden Aktion waren islamistische Organisationen maßgeblich beteiligt.

- Immer wieder riefen einzelne Politiker und Gliederungen der Partei DIE LINKE zur Teilnahme an der internationalen Boykott-Bewegung gegen Israel (*BDS*) auf.

- Auf zahlreichen Demonstrationen zur Nahost-Thematik, an denen DIE LINKE mit beteiligt war, kam es zu eindeutig antisemitischen Äußerungen in Parolen und auf Transparenten.[2]

- Politiker der LINKEN forderten, die *Hamas* als Gesprächspartner anzuerkennen, während der offene Antisemitismus, der in der Charta der *Hamas* von 1988 nachzulesen ist, keinerlei Erwähnung oder gar Kritik fand.

- Einzelne Funktionsträger der Partei sprachen sich gegen die Anerkennung Israels aus, setzten Israel mit dem Nationalsozialismus gleich, bagatellisierten und rechtfertigten terroristische Gewalt und solidarisierten sich gar mit *Hamas* und *Hisbollah* – obwohl deren Islamismus, brutale Herrschaftsmethoden, autokratische Strukturen und Frauenfeindlichkeit nicht mit linken Idealen zusammenpassen.

Die Bundestagsfraktion der Partei DIE LINKE erklärte daraufhin, dass die Abgeordneten „auch in Zukunft gegen jede Form von Antisemitismus in der Gesellschaft vorgehen werden" und dass „Rechtsextremismus und Antisemitismus heute und niemals einen Platz" in der Partei haben werden. Zugleich sei die Unterstützung von Israel-Boykott, Gaza-Flottille und die Forderung nach einer Ein-Staaten-Lösung abzulehnen – was aber von einem Fünftel der Fraktion nicht unterstützt und von nicht wenigen Parteimitgliedern heftig kritisiert wurde. Zum anderen verwahrte sich mit

Gregor Gysi, Klaus Ernst und Gesine Lötzsch die gesamte Parteispitze unisono gegen die „inflationäre Verwendung" des Antisemitismusvorwurfs: Antisemitismus sei die konkrete Diskriminierung von Juden und so etwas gebe es in der Partei nicht. Eine Kritik israelischer Politik dürfe nicht als „Antisemitismus" diskreditiert werden.[3]

Die antiisraelischen Manifestationen aus der Partei DIE LINKE waren keineswegs die ersten und schon gar nicht die heftigsten Äußerungen eines Antisemitismus der politischen Linken. Dies zeigt ein kurzer Überblick über die Geschichte des Antisemitismus von links und die bisherige Debatte über diesen (Kapitel I). Dabei wird unter „links" und „der Linken" im Folgenden ein breites, mitunter sehr disparates Spektrum gefasst, das sich selbst als links von der reformorientierten Sozialdemokratie verortet. Es reicht von orthodox-kommunistischen, trotzkistischen, antiimperialistischen, autonomen, AntiFa-, AntiRa- und dezidiert antizionistischen Gruppen bis hin zu „Dritte-Welt"-Solidarität, links-christlichen Vereinigungen, Alternativ-, Öko- oder globalisierungskritischen Bewegungen.

I.

Historischer Überblick: Antisemitismus von links (und seine Kritik)

Es gibt keine durchgängige „antisemitische Tradition" innerhalb der Linken, wie der Historiker Edmund Silberner urteilte, der als erster umfangreiche Belege für Antisemitismus in der Linken zusammentrug. Anders als in den christlichen Kirchen, in denen sich Judenhass durch die Jahrhunderte zieht, und anders als bei den völkischen Nationalisten, bei denen seit dem 19. Jahrhundert Antisemitismus zur konstituierenden Ideologie gehörte, war Antisemitismus zu keinem Zeitpunkt Grundausstattung linker Strömungen und Bewegungen, die sich einem internationalistischen Weltbild verpflichtet sahen.

Wohl aber finden sich seit dem Beginn des 19. Jahrhunderts immer wieder deutliche Beispiele für einen Antisemitismus auf linker Seite.[4] So sah etwa der Frühsozialist Charles Fourier in den Juden „eine völlig unproduktive ... Rasse", eine „Pest, die den Körper der Gesellschaft verwüstet".[5] Sein Schüler Alphonse Toussenel gilt mit seiner Schrift *Die Juden, Könige der Epoche. Eine Geschichte des Finanzfeudalismus* (1846) als ein Mitbegründer des modernen Antisemitismus. Für Pierre-Joseph Proudhon wiederum waren die Juden „die Souveräne der Epoche", mächtiger als Könige und Kaiser. „Der Jude ist der Feind der menschlichen Art. Man muss diese Rasse nach Asien verweisen oder vernichten."[6] Der Anarchist Michail Alexandrowitsch Bakunin schrieb

1871, die Juden bildeten „eine ausbeuterische Sekte, ein Blutegelvolk, einen einzigen fressenden Parasiten", der „in der Arbeit des Volkes spekuliert".[7]

Die SPD des Kaiserreichs

Die Sozialdemokratie bekämpfte den politischen Antisemitismus.[8] Friedrich Engels erklärte in seinem von zahlreichen sozialdemokratischen Zeitungen abgedruckten Brief „Über den Antisemitismus" dezidiert: „Damit können wir nichts zu schaffen haben." Nicht anders positionierten sich die Parteitheoretiker Karl Kautsky und Eduard Bernstein. Der Berliner Parteitag der SPD verabschiedete 1892 eine Resolution gegen Antisemitismus, auf dem Kölner Parteitag 1893 hielt August Bebel seine Rede „Antisemitismus und Sozialdemokratie", die als Sonderdruck in großer Auflage verbreitet wurde.

Zwar sah die SPD den Antisemitismus lediglich als ideologische Reaktion bestimmter Schichten, die sich durch die kapitalistische Entwicklung und jüdische Konkurrenz bedroht fühlten, und glaubte, diese würden schon bald erkennen, dass nur die SPD eine realistische politische Perspektive böte. Auch tauchten in der sozialdemokratischen Presse immer wieder einzelne antijüdische Stereotype auf. Doch nichtsdestoweniger war die SPD die erste und lange Zeit einzige Partei in Deutschland, die sich programmatisch (und auch klarer als viele ihrer europäischen Schwesterparteien) gegen den Antisemitismus positionierte.

Seit im letzten Jahrzehnt des 19. Jahrhunderts unter der Führung von Theodor Herzl die zionistische Bewegung, die mehrheitlich die Gründung eines eigenen jüdischen Nationalstaats anstrebte, zu erstarken begann, wurde diese, vor allem unter Sozialdemokraten jüdischer Herkunft, kontrovers diskutiert. Bis zum Ersten Weltkrieg dominierte unter ihnen die Ablehnung des Zionismus, wie sie auch Karl Kautsky formulierte.[9] Man äußerte zwar Verständnis für das zionistische Ziel eines jüdischen Nationalstaats, hielt dies aber für die falsche Reaktionsweise auf den Antisemitismus: Denn die SPD verfocht die Assimilation der Juden, weil sie der Ansicht war, der Antisemitismus als Vorurteil überkommener Zeiten und Schichten würde sukzessive abnehmen und spätestens im Sozialismus endgültig verschwinden. Ein sich selbst so bezeichnender und ideologisch aufgeladener „Antizionismus" entstand erst später, vor allem auf Seiten des palästinensischen Nationalismus sowie bei der radikaleren Linken.

Die KPD der Weimarer Republik

Auch die 1919 gegründete KPD lehnte als internationalistische Bewegung den Antisemitismus ab. Allerdings kam sie ihm gleichzeitig immer dann gefährlich nahe, wenn sie – wie 1923 während der Besetzung des Ruhrgebiets durch Frankreich sowie in der Endphase der Weimarer Republik – versuchte, den völkischen Kräften den wachsenden Massenanhang abzuwerben und dazu selbst eine heftige nationalistische Propaganda betrieb. Hierzu schlug die KPD die umworbenen Mittelschichten kurzerhand dem Proletariat zu und sprach fortan vom „arbeitenden deutschen Volk":[10] Dieses werde zum einen ausgebeutet durch die „kleine Bande" der einheimischen „Spekulanten", „Börsenhyänen", „Blutsauger" und „Schmarotzer". Zum anderen zielten die Reparationsforderungen der „internationalen Kapitalkönige" auf die „Versklavung Deutschlands und die Vernichtung der deutschen Nation" ab. Daher müsse das „schaffende Volk" sowohl den Klassenkampf im Inneren als auch den Kampf um „nationale Befreiung“ gegen den „internationalen Imperialismus“ führen. Mit der Anrede „Schaffende Volksgenossen!“ rief die KPD auf zum Kampf „gegen die Parasiten, die am Leibe Deutschlands wuchern“.

Damit wollte die KPD den Antisemitismus umformen zum „richtigen“ revolutionären Klassenhass: „Zweifellos mästen sich die jüdischen Kapitalisten durch die Ausbeutung des deutschen Volkes“, es seien aber vor allem „Christen urdeutschen Abkommens“ für die Not verantwortlich. „Die Volksrevolution wird mit den jüdischen Ausbeutern ebenso Schluss machen wie mit den christlichen“ versprach die KPD und forderte „ein Ende der Herrschaft der beschnittenen und unbeschnittenen Kapitalisten“.

Auch wenn die KPD keine antisemitische Partei war und Judenhass sowie antisemitische Gewalttaten klar ablehnte: In ihrer national-kommunistischen Propaganda sprach sie von einem spezifisch „jüdischen Kapital“, das hauptsächlich als „jüdisches Finanzkapital“ identifiziert und dem „deutschen Volk“ entgegengesetzt wurde. Von Juden war vor allem in Form von „Börsen-Juden“, „jüdischen Bankiers“ und „jüdischen Börsenjobbern“ die Rede, während der „deutschen“ Seite das produzierende Gewerbe zugeordnet wurde, zum Beispiel indem der KPD-Vorsitzende Heinrich Brandler „nicht nur das verjudete Finanzkapital, sondern noch mehr das arische Industrie- und Agrarkapital“ als Gegner identifizierte.

Am bekanntesten wurde, vor allem wegen ihres ungezügelt aggressiven Gestus, eine Rede, die Ruth Fischer 1923 auf einer KPD-Veranstaltung für völkische Studenten hielt: „Sie sind gegen das Judenkapital ... Recht so. Tretet die Judenkapitalisten nieder, hängt sie an die Laterne, zertrampelt sie. Aber, meine Herren, wie stehen Sie zu den Großkapitalisten, den Stinnes, Klöckner ...?“ Der von der KPD betriebene nationalistische Kommunismus besaß eine deutliche Anschlussfähigkeit an den Antisemitismus – wie sich nach 1949 auch in der DDR wieder zeigen sollte.

Doch auch die Positionierung der KPD gegen den Zionismus verweist bereits auf die Zeit nach 1945. Während die SPD sich zunehmend pro-zionistisch orientierte, lehnten KPD wie Kommunistische Internationale die zionistische Bewegung alsbald vehement ab. Die Kommunistische Internationale unterstützte die antikolonialen Kämpfe außerhalb Europas als wichtigen Teil der kommenden Weltrevolution und suchte allerorten das Bündnis mit für ihre „nationale Befreiung" von den Kolonialmächten kämpfenden „Völkern". In Palästina wurden „die Araber" als das revolutionäre antiimperialistische „Volk" ausgemacht, die zionistische Seite galt nur noch als reaktionärer Büttel des (britischen) Imperialismus.

Der spätstalinistische „Antizionismus"

Nach 1945 wurden die Ostblockstaaten rigoros der Herrschaft Moskaus unterworfen und auch die kommunistischen Parteien selbst so genannten Säuberungen unterzogen. Hierbei wurden auch große öffentliche Schauprozesse inszeniert, in denen sich, begleitet von ostblockweiten Medienkampagnen, höchstrangige kommunistische Parteifunktionäre in erfolterten „Geständnissen" schlimmster Verbrechen gegen Volk, Staat und Partei schuldig bekannten. Der letzte große spätstalinistische Schauprozess fand im November 1952 in Prag statt. Angeklagt waren der Generalsekretär der tschechoslowakischen KP, Rudolf Slánský, und 13 weitere ranghohe Parteifunktionäre. Der Prozess war offen antisemitisch geprägt: Nicht nur waren Slánský sowie zehn seiner Mitangeklagten jüdischer Herkunft, sondern der zentrale Anklagepunkt lautete „Zionismus".

Der „Weltzionismus",[11] so der Staatsanwalt in seinem im Radio übertragenen Schlussplädoyer, sei ein überaus mächtiger, international operierender Feind, der „mit tausendfachen Fäden ... mit dem Weltkapitalismus verknüpft" sei. Immer wieder hob er die jüdische Herkunft der Angeklagten hervor: Sie hätten nie zum „Volk" gehört, sondern seien „Kosmopoliten" „ohne Vaterland", „Feinde der Menschheit", die sich zur „Verschacherung des Vaterlandes an die Imperialisten" verschworen, Spionage betrieben und gar die Ermordung von Staatspräsident Gottwald geplant hätten. Dieses „Schädlingsgesindel" habe eine „breitangelegte zersetzende Tätigkeit" entfaltet, um den Aufbau des Sozialismus zu sabotieren und „ungeheuere Wuchergewinne" aus der Wirtschaft herauszupressen. Wie „Blutegel" und „tausendarmige Meerpolypen hatten sie sich am Körper der Republik festgesogen und saugten an ihrem Blut". Nach sieben Verhandlungstagen wurden elf der 14 Angeklagten zum Tod verurteilt und sofort hingerichtet.

Schon im Januar 1953 verkündete das Zentralorgan der KPdSU, die *Prawda*, die Aufdeckung eines weiteren zionistischen Komplotts „heimlicher Feinde des Volkes". Mehrheitlich jüdische „Mörderärzte" im Moskauer Kreml „hätten im Auftrag einer „internationalen jüdischen ... Organisation" sowjetische Spitzenfunktionäre durch falsche Behandlung umgebracht und weitere Morde geplant. In der gesamten sowjetischen Presse entfesselte sich eine unverhüllt antisemitische Hasspropaganda gegen die „wurzellosen Kosmopoliten", die „Landesverräter hinter der Maske" und „Helfershelfer des Zionismus".[12] Auch in der DDR wurde ein „antizionistischer" Schauprozess vorbereitet. Die antisemitische Säuberungswelle fand nur aufgrund Stalins Tod im März 1953 ein abruptes Ende.

Der spätstalinistische „Antizionismus" richtete sich primär

gegen Parteifunktionäre jüdischer Herkunft, „Zionismus" war ein Tarnwort für die behauptete weltweite jüdisch-kapitalistische Verschwörung gegen den Ostblock. Das 1948 gegründete Israel wurde seinerzeit zwar als Teil des weltweiten zionistischen Organisationsnetzes erwähnt, spielte allerdings keine bedeutende Rolle. Ein auf den Palästinakonflikt konzentrierter linker Antizionismus, der Israel zum Hauptfeind erklärte, erstarkte vor allem ab den 1960er Jahren.[13]

Die Neue Linke der BRD

Die reformorientierte Nachkriegslinke der BRD vertrat zunächst dezidiert pro-israelische Positionen. Sie trug maßgeblich zum Zustandekommen des Wiedergutmachungsabkommens bei und engagierte sich für die Aufnahme diplomatischer Beziehungen zu Israel. In Teilen herrschte eine regelrecht philosemitische Begeisterung für den „Pionierstaat" Israel und seine sozialistischen Kibbuzim. Die sich ab Mitte der 1960er Jahre herausbildende und schnell radikalisierende Neue Linke – die *Außerparlamentarische Opposition (APO)* und die aus ihr hervorgehenden antiautoritären, sozialistischen, anarchistischen, maoistischen, trotzkistischen oder marxistisch-leninistischen Gruppen und Parteien – vollzog jedoch nach dem Sieg Israels im Sechstagekrieg im Juni 1967 eine rapide Kehrtwende. In ihr dominierte alsbald eine überbordende Verurteilung Israels als „imperialistisch-faschistisches Staatengebilde", gepaart mit der Parteinahme für die „revolutionäre" *Al Fatah*.[14]

Bekannte Alt-Linke wie Jean Améry, Michael Landmann, Jean-Paul Sartre und Ernst Bloch forderten eine Differenzierung zwischen der Existenz Israels und der Kritik an der israelischen Regierungspolitik ein, verwiesen auf die arabischen Vernichtungsdrohungen und warnten vor dem

Abgleiten des doktrinären Antiimperialismus in den Antisemitismus.[15] Doch schon 1969 verübten Antizionisten einen Terroranschlag: *Die Schwarzen Ratten – Tupamaros Westberlin* um Dieter Kunzelmann, eine Vorläufergruppe der *Bewegung 2. Juni*, beschmierten am Jahrestag der Pogromnacht von 1938 mehrere Mahnmale für jüdische Opfer mit „Schalom und Napalm" und „El Fath". Außerdem deponierten sie in einem jüdischen Gemeindehaus, in dem eine Gedenkfeier anlässlich des 9. Novembers stattfinden sollte, eine Brandbombe. Hätte deren Zündung nicht versagt, wären Holocaustüberlebende durch deutsche Antizionisten verletzt oder gar ermordet worden.

Damit war der Antizionismus innerhalb der Linken nicht etwa diskreditiert. Im Gegenteil, er erlebte in den 1970er Jahren seine Hochkonjunktur. Palästinakomitees wurden gegründet, ihre Organe trugen martialische Titel wie *Die Front* oder *Die Revolution*. Für so gut wie alle der aus der APO entstehenden linken Gruppen und Bewegungen, wie zerstritten sie auch sonst oft waren, gehörten Parolen wie „Nieder mit dem faschistischen Staatengebilde Israel!"[16] bis in die 1980er Jahre hinein zu den akzeptierten linken Grundpositionen. Auch die *Gruppen des bewaffneten Kampfes* positionierten sich antizionistisch, ließen sich allesamt in palästinensischen Lagern militärisch ausbilden, erhielten dort bei Bedarf Unterschlupf und arbeiteten mit palästinensischen Terroristen, deren erklärtes Ziel die Vernichtung Israels war, zusammen: 1972 nahm ein Kommando von Jassir Arafats *Al-Fatah* in München die israelische Olympiamannschaft als Geisel, elf israelische Sportler kamen ums Leben. Die RAF lobpries diese „revolutionäre Aktion" in einer langen Erklärung als beispielhaft „antiimperialistisch, antifaschistisch und internationalistisch".[17] 1977 entführte während der Geiselnahme Hanns Martin Schleyers eine palästinensische Gruppe eine Passagiermaschine der Lufthansa nach Mogadischu, um so die Freipressung von RAF-Gefangenen zu unterstützen. *Die Revolutionären Zellen (RZ)* verübten in Deutschland Anschläge auf israelische Firmen, 1976 entführte ein Kommando aus palästinensischer *PFLP* und deutschen *RZ* ein Passagierflugzeug der Air France nach Entebbe und forderte die Freilassung von 53 Gefangenen, darunter auch sechs Mitglieder von *RAF* und Bewegung 2. Juni.

Henryk M. Broder war 1976 der erste, der den Antizionismus der Neuen Linken frontal als Antisemitismus kritisierte, wurde aber von dieser weitgehend ignoriert.[18] Erste Risse im antizionistischen Konsens zeigten sich erst 1982 im Zuge des Angriffs der israelischen Armee auf die *PLO* im Libanon und der Massaker der mit ihr verbündeten Milizen in zwei palästinensischen Flüchtlingslagern. In sämtlichen linken Organen bis hin zur *taz* warfen Journalisten Israel „Völkermord" und einen „Holocaust an den Palästinensern" vor.[19] Doch erstmals stießen derartige, schon seit 15 Jahren vorgenommene NS-Gleichsetzungen auf nennenswerte Kritik aus den eigenen Reihen und führten zu einer langsam anwachsenden linken Beschäftigung mit Antisemitismus und nationalsozialistischer Judenvernichtung.[20] Nunmehr flammte der innerlinke Antisemitismusstreit anlassbezogen immer wieder auf. So etwa als während der ersten Intifada die linke Israelfeindschaft wieder anwuchs und 1988 ein riesiges Wandbild an der besetzten Hafenstraße in Hamburg propagierte „Boykottiert ‚Israel' ... Palästina – Das Volk wird Dich befreien. Revolution bis zum Sieg".

Nach der Wiedervereinigung

Im Zuge des zweiten Golfkriegs 1990/1991 entbrannte bundesweit ein Antisemitismusstreit innerhalb der Linken. Die Friedensbewegung protestierte nicht nur vehement gegen die USA als kriegslüsternen Aggressor und erinnerte an die „Bombennächte" des Zweiten Weltkriegs, sondern ignorierte auch weitgehend, dass der Irak das nicht am Krieg beteiligte Israel mit Scud-Raketen beschoss und angedroht hatte, diese mit Giftgas zu bestücken. Der damalige GRÜNEN-Bundessprecher Hans-Christian Ströbele, Protagonist des linken Flügels seiner Partei, rechtfertigte gar den Raketenbeschuss als „logische, fast zwingende Konsequenz" der israelischen Besatzungspolitik. Nach heftiger Kritik aus Deutschland und Israel trat Ströbele von seinem Amt zurück.[21] Auch in einem Teil der Linken stießen derlei Ignoranz oder gar Akzeptanz der Angriffe auf Israel auf vehemente Kritik: Der Friedensbewegung wurden nicht nur Deutschnationalismus und Antiamerikanismus, sondern auch Antisemitismus vorgeworfen.[22] Dies waren die ersten Anzeichen einer neu entstehenden Strömung innerhalb des linken Spektrums: Antisemitismusstreit, wachsender Wiedervereinigungsnationalismus, pogromartige Gewalttaten und rassistische Morde wie in Mölln und Solingen führten nach 1990 zur Bildung von „antinationalen" und „antideutschen" Gruppen. Bestärkt durch Daniel Jonah Goldhagens 1996 erschienene Studie *Hitlers willige Vollstrecker* bildete Auschwitz für sie den zentralen Bezugspunkt. Sie sahen in der Kritik von Antisemitismus und Nationalismus ihre Aufgabe als Linke in Deutschland.[23]

Nachdem der Oslo-Friedensprozess Mitte der 1990er Jahre zu einem merklichen Rückgang des Antizionismus geführt hatte, nahm dieser mit dem Beginn der zweiten, so genannten Al-Aqsa-Intifada ab Ende 2000, bei der islamistische Gruppen führend waren, wieder deutlich zu. Obwohl Suizidattentate auf die israelische Bevölkerung in Bussen, Cafés und Diskotheken Hauptkennzeichen dieser Intifada waren, solidarisierten sich orthodoxe Kommunisten, antiimperialistische Gruppen und Autoren in der *Jungen Welt* mit der palästinensischen Seite und bezichtigten Israel wieder des „Völkermordes".[24] Auch im seinerzeit europaweit erstarkenden Netzwerk der Globalisierungskritiker *Attac* fand diese aggressive Israelfeindschaft Anhänger und Multiplikatoren, insbesondere bei der dort sehr aktiven trotzkistischen Organisation *Linksruck*, die rund 300 Mitglieder zählte und sich 2007 auflöste. Diese neuerliche Welle des Antizionismus stieß nunmehr jedoch sofort auf heftige Kritik des angewachsenen „antideutschen" Spektrums. Der Kapitalismuskritik von *Attac* wurde außerdem vorgeworfen, dass sie durch ihre Konzentration auf Finanzmärkte, -spekulation und die „Gier der Banker" mitunter kompatibel mit antisemitischen Argumentationen sei.[25]

Nach den Anschlägen vom 11. September 2001 eskalierte der Streit. Antiimperialistisch und marxistisch-leninistisch orientierte Gruppierungen erklärten die Anschläge mit deutlicher Häme als direkte Folge der imperialistischen Politik der USA, einige rechtfertigten den Terror gar als verständliche antiimperialistische Gegenwehr. Auf von Linken mitorganisierten antiisraelischen Demonstrationen wurde Israel mit dem Nationalsozialismus gleichgesetzt, palästinensische und arabische Teilnehmer feierten *Hamas*, islamischen Dschihad und Suizidattentäter mit Fahnen, „Märtyrer"-Stirnbändern und Sprengstoffattrappen.

Hiergegen wurden allerdings in zahlreichen Städten Bündnisse gegen Antisemitismus und Antizionismus mit Demonstrationen, Publikationen und Veranstaltungen aktiv. Man verwies auf den Judenhass der Attentäter vom 11. September und die enge Verwandtschaft zwischen dem nationalsozialistischen und dem im arabischen Raum weitverbreiteten islamisierten Antisemitismus. Eine Linke, die dies nicht sehen wolle, sondern sich im Gegenteil mit Fundamentalisten gemein mache, sei selbst durchzogen von Antiamerikanismus, völkischen Bedürfnissen und Antisemitismus. Es entbrannten innerlinke Auseinandersetzungen bis hin zu Spaltungen von Gruppen. Bei einigen Demonstrationen und Veranstaltungen kam es zu körperlichen Angriffen auf Antideutsche.

Auch wenn Gerhard Zwerenz 1976 in der *Zeit* erklärte, „Linker Antisemitismus ist unmöglich",[26] weil Antisemitismus nun einmal rechts sei, und die Parteispitze der Partei DIE LINKE 2011 ihre Selbstfreisprechung damit begründete, dass niemand in der Partei Juden direkt diskriminiere, stellt sich angesichts dieses Überblicks die Frage: Wie lässt es sich erklären, dass sich auch in der Linken immer wieder Antisemitismus finden lässt? Dafür bedarf es eines fundierten Verständnisses davon, was Antisemitismus ist. Im folgenden Kapitel wird daher ein Begriff des „klassischen" modernen wie des sekundären Antisemitismus entwickelt, mittels dessen ein besseres Erkennen und Verstehen des Antisemitismus von links ermöglicht werden soll. Danach werden zwei exemplarische Fälle des Antisemitismus von links vorgestellt: die antisemitische Repressions- und Säuberungswelle in der spätstalinistischen DDR und der Antizionismus der westdeutschen „Neuen Linken" zwischen 1968 und 1989 (Kapitel III und IV). Vor diesem Hintergrund werden in den abschließenden Bemerkungen noch aktuellere Beispiele, insbesondere die internationale *BDS*-Bewegung diskutiert (Kapitel V).

II.

Der moderne Antisemitismus

Was genau ist Antisemitismus? Was unterscheidet ihn von Rassismus oder von Nationalismus? Der im Laufe des 19. Jahrhunderts europaweit entstehende moderne Antisemitismus ist ein umfassendes Weltbild, in welchem den Juden eine zentrale Funktion und Position zukommt: Sie gelten als die Verursacher aller abgelehnten Phänomene der Moderne in Ökonomie, Politik und Kultur. Damit sind sie der absolute Feind und Gegenbild zur modernen Gesellschaft: der harmonischen Gemeinschaft „Volk“ oder „Nation“.[27]

Erstens wird den Juden die Schuld für Ausbeutung, Konkurrenz, Krisen, kurz: für alle Verunsicherungen, welche die moderne kapitalistische Ökonomie kennzeichnen, zugeschrieben. Als Grundübel ausgemacht wird die Zirkulationssphäre – Geld, Handel, Banken und Börse – das „raffende Kapital“, beherrscht von den die Arbeit scheuenden Juden. Das positive Gegenüber verkörpert die Produktion: das Handwerk, die Arbeit, die Industrie, das „schaffende Kapital“. „Wertschaffende deutsche Arbeit“ steht gegen „parasitäre jüdische Geldmacht“.

Zweitens identifiziert eine antisemitische Weltsicht auch hinter allen irritierenden neuen Phänomenen in der politischen Welt – Demokratie, widerstreitende Interessen im Parlament, öffentliche Diskussion, Kritik der Obrigkeit, Arbeiterbewegung – die Juden: Sie seien die wahren Herrscher hinter den Kulissen, die Politiker kauften und über ihre Finanzmacht ganze Staaten erpressten. Sie seien die geheimen Drahtzieher und Verschwörer, die Unfrieden im

Volk säten, es gegen Regierung und Kaiser aufhetzten und Kriege zwischen den Völkern anzettelten. Überall arbeiteten die vaterlandslos-kosmopolitischen, zur Staatsbildung unfähigen Juden an der inneren Schwächung der Nationen mit dem letztendlichen Ziel der Weltherrschaft.

Drittens werden die Juden für die als Bedrohung empfundene kulturelle Moderne verantwortlich gemacht. Sie würden Presse, Literatur, Kunst, Theater beherrschen, seien verantwortlich für Frauenemanzipation, Sittenverfall, Pornografie und Prostitution, für die Unterminierung und Auflösung traditionaler Geschlechts- und Autoritätsverhältnisse. Insbesondere die jüdische Presse mit ihrer „zersetzenden Publizistik" und „ätzenden Kritik" betreibe die „Verunglimpfung unseres Volkes" und untergrabe alles Althergebrachte. Überall seien die „deutsche Kultur" und das „deutsche Wesen" von „jüdischer Zersetzung" bedroht.

Doch der moderne Antisemitismus ist mehr als eine Anzahl von Vorurteilen und Stereotypen über Juden. Er ist ein in sich konsistentes Weltbild, das nach bestimmten Grundregeln aufgebaut ist. Ein erstes wesentliches Strukturmerkmal dieses Weltbildes ist die Personalisierung: Gesellschaftliche Entwicklungen in Ökonomie, Politik und Kultur, die sich subjektlos vollziehen, werden dem bewussten intentionalen Handeln böser Menschen zugeschrieben.

Das notwendige Korrelat dieser Personalisierung bildet eine umfassende Verschwörungstheorie. Wenn alles Böse der modernen Welt absichtlich ins Werk gesetzt wird, dann muss dahinter eine immense Verschwörung eines verdeckt agierenden, überaus mächtigen Feindes stecken, der über Geld, Politik und Medien herrscht. Eine personalisierende Erklärung der sich international durchsetzenden modernen Gesellschaft muss sich logisch folgerichtig zu einer Weltverschwörungstheorie ausweiten.

Das zweite grundlegende Strukturmerkmal antisemitischen Denkens ist die Ethnifizierung. Die Verursacher allen Übels, „die Juden", werden – ganz egal, ob als „Stamm", „Volk", „Nation" oder „race" bezeichnet – als Abstammungsgemeinschaft konstruiert, bei der das Schlechte – Geldgier, Machtstreben, Zersetzung und ähnliches – unabänderlich im „Blut", „Volksgeist" oder „Wesen" verankert sei.

Doch nicht nur das Feindbild „Juden", auch die „imagined community"[28] der Eigengruppe „Volk", die den zentralen positiven Fluchtpunkt des modernen Antisemitismus wie des Nationalismus bildet, wird als identitäre Abstammungsgemeinschaft konstruiert. Das eigene „Volk", so die Verheißung, existiere schon seit Jahrtausenden, sei wesenhaft gut, besitze einen spezifischen „Volkscharakter" und eine „Nationalkultur", sei eine naturgegebene, stabile, eng verbundene, familienähnliche und harmonische Gemeinschaft ohne grundlegende innere Widersprüche und Konflikte.

Das dritte Strukturmerkmal des Antisemitismus ist, dass er die zum „Volk" ethnifizierten Juden gleichzeitig als genuines „Anti-Volk"[29] konzipiert. Dies unterscheidet das antisemitische Feindbild „Juden" sowohl vom Rassismus als auch von allen sonstigen „Feindvölkern", die Nationalismen regelmäßig kreieren. Denn gewöhnliche Feind-Nationen werden, wie gehasst und verachtet auch immer, prinzipiell als ein „Volk" anerkannt. Die Juden dagegen sind ein kategorial anderer, einzigartiger Feind: Kein anderes „Volk" wird mit Zuschreibungen wie „volkszersetzend", „staatszerstörend", „staatsunfähig", „kosmopolitisch" oder „anational" belegt. Denn nur die Juden verkörpern im Antisemitismus die Kernphänomene der Moderne – Geld, Konkurrenz, Gewinnstreben, Materialismus, Individualismus, kritischer Intellekt, Widerspruch, Wurzellosigkeit, Kosmopolitismus, Mobilität, Ambivalenz ebenso wie Uneindeutigkeit.

Damit stehen „Volk“ und „Juden“ in einer ganz spezifischen Beziehung: Die Juden stehen für all das, was in der modernen Gesellschaft die ersehnte Gemeinschaft „Volk“ permanent dementiert. Und umgekehrt soll der Kampf gegen das „Anti-Volk“ die ersehnte, verloren geglaubte Harmonie der Volksgemeinschaft wiederherstellen. „Die Juden sind unser Unglück!“ pointierte 1879 der Nationalhistoriker Treitschke. Dabei gelten die Juden nicht nur als das Gegenprinzip zur eigenen „Nation“, sondern immer auch als weltweite „Völkerkrankheit“.[30]

Eine – kontrafaktisch verkehrte – Täter-Opfer-Dichotomie bis hin zum Manichäismus ist das vierte Strukturmerkmal des Antisemitismus. „Die Juden“ seien der gefährliche, auf Vernichtung zielende Angreifer, „das Volk“ dagegen das tödlich bedrohte, unschuldige Opfer, das zur „Notwehr“ schreiten dürfe und müsse. Und da das „völkerwidrige Judenthum“ zum genuinen „Feind jeder ... Nation“ erklärt wird, kann es in diesem weltweit geführten Existenzkampf logisch nur eine manichäische Perspektive geben:[31] Erlösung der Welt durch die endgültige Vernichtung des Bösen.

Daher gravitierte das antisemitische Weltbild bereits im 19. Jahrhundert (und nicht erst mit Hitler) aus seiner eigenen Logik heraus zu Vernichtungsvorstellungen. Dies zeigt sich bei allen „Klassikern“ des modernen Antisemitismus in Schädlings- und Krankheitsmetaphern sowie den damit evozierten Gewaltphantasien und Vernichtungsassoziationen. Für den evangelischen Hofprediger Adolf Stöcker ging es 1882 um „Sein oder Nichtsein!“: „Sie oder wir!“ Eugen Dühring formulierte als Ziel, „die Welt gründlich von allem Judenwesen zu erlösen“. Dieser „Infection“ durch „Krankheitsstoffe“ müsse „mit den modernsten Mitteln der Desinfection“ begegnet werden. Paul de Lagarde forderte 1887, „dies wuchernde Ungeziefer zu zertreten“. Die Deutschsoziale Reformpartei postulierte 1899, die „Judenfrage“ als „Weltfrage“ müsse von den „Völkern gemeinsam und endgültig durch völlige Absonderung und (wenn die Notwehr es gebietet) schließliche Vernichtung des Judenvolkes gelöst werden“.[32]

Antisemitismus nach Auschwitz

Nach Auschwitz ist offener Antisemitismus in den westlichen Staaten und besonders in Deutschland moralisch diskreditiert und als politische Ideologie aus dem öffentlichen Diskurs verbannt. Während sich in einer Umfrage 1952 noch 34 Prozent der befragten Deutschen selbst als Antisemiten bezeichneten,[33] will heute kaum noch jemand – auch vor sich selbst – als „Antisemit“ gelten. Trotzdem belegen alle Umfragen die europaweite Fortdauer antisemitischer Einstellungen. Der Antisemitismus nach Auschwitz ist ein „Antisemitismus ohne Antisemiten“.[34] Häufig werden daher Bezeichnungen wie „die Juden“ oder „Judentum“ vermieden und stattdessen Andeutungen, Code- und Tarnwörter wie „Finanztum“, „bestimmte einflussreiche Kreise“ an der „Ostküste“ und „die Wall-Street“ benutzt oder lediglich Namen wie „Goldman Sachs“ erwähnt.

Vor allem aber ist Antisemitismus nach 1945 – auch für Antisemiten – untrennbar an Auschwitz geknüpft und steht damit vor einem Legitimationsproblem, richtet er sich doch gegen jene, die als Sinnbild des unschuldig verfolgten Opfers gelten. Antisemitisch Eingestellte, wollen sie Auschwitz nicht affirmieren, versuchen deshalb, die Ermordung der Juden zumindest zu relativieren oder zu bagatellisieren. Vor allem aber gewinnt nach Auschwitz die vom Antisemitismus schon immer vorgenommene Verkehrung von Täter und Opfer eine noch größere Bedeutung: Juden müssen von unschuldigen Opfern des Nationalsozialismus zu Tätern umgedeutet werden, deren eigenes Tun erst den Antisemitismus hervorrufe. Auch das weltweite Phänomen der Holocaustleugnung ist Ausdruck dieser Verkehrung: Nicht nur wird hier der Opferstatus der Juden grundsätzlich bestritten, sondern die Juden werden als jene mächtigen Täter identifiziert, die „den Völkern" mittels einer neuerlichen weltweiten Verschwörung die „Auschwitz-Lüge" einredeten, um ihre Ziele – Wiedergutmachungszahlungen, die Gründung Israels oder anderes – durchzusetzen. Insbesondere aber die Verschiebung des antisemitischen Ressentiments auf den „kollektiven Juden"[35] Israel ermöglicht eine Camouflage, ist doch nun die Rede von „Zionisten", „Zionismus" und weltweiter „pro-israelischer Lobby". Und tatsächlich ist infolge des oft gewaltsamen Realkonflikts zwischen Israel und Palästinensern die Präsentation jüdischer Täter ein Leichtes – dem dann die entlastende Erklärung, dass die israelische Politik die Hauptursache des weltweiten Antisemitismus sei, folgen kann.

Sekundärer Antisemitismus

Nach 1945 entstand in den Nachfolgestaaten des Nationalsozialismus eine neue Form des Antisemitismus: der „sekundäre Antisemitismus".[36] Dieser ist nicht lediglich eine neue Äußerung des „alten" Ressentiments, sondern er entsteht aufgrund eines historisch neuen, spezifisch deutschen Dilemmas: Jedes „Nationalgefühl" basiert auf der Überzeugung, einer „guten Nation" anzugehören. Hierzulande jedoch verhindert das Menschheitsverbrechen „Auschwitz" die Identifikation mit der „Nation".[37] Die Entlastung der „deutschen Nation" und des „deutschen Volkes" von Schuld ist daher ein Grundbedürfnis jedes Nationalismus in Deutschland.

Hierzu gibt es zwei prinzipielle, miteinander kombinierbare Verfahren, die seit 1945 in zahlreichen Varianten beobachtbar sind: Erstens wird versucht, die Schuld der „Täternation“ zu minimieren, indem zum Beispiel die Verbrechen nur Hitler und seinem engsten Zirkel zur Last gelegt oder diese mit dem Verweis auf Untaten anderer Staaten relativiert werden. Gerne auch wird darauf verwiesen, dass das „deutsche Volk“ selbst doch ebenfalls „Opfer“ geworden sei, von „Bombennächten“, Vertreibung, Nachkriegsnot, „Siegerjustiz“ oder Kollektivschuldvorwürfen.[38]

Die zweite Möglichkeit der Abwehr von Schuld besteht darin, den Opferstatus der Juden zu minimieren oder zu bestreiten: So schreiben über 20 Prozent der deutschen Bevölkerung den Juden eine (Mit-)Schuld am Antisemitismus zu.[39] Oder man verweist auf „jüdische“ Täter, die doch fast genauso schlimm wie die Nazis seien. Dies kann implizit geschehen mittels des alle historischen Unterschiede verwischenden Begriffs „Opfer“: Die Palästinenser werden als „Opfer der Opfer“ bezeichnet, Juden unter der Hand zu den neuen Nazis erklärt und so die Deutschen von ihrer Geschichte entlastet. Der direkten Gleichsetzung – „Was Israel heute mit den Palästinensern macht, ist im Prinzip nichts anderes als das, was die Nazis mit den Juden gemacht haben“ – stimmt rund die Hälfte der deutschen Bevölkerung zu.[40]

Idealtypisch zeigt sich die sekundärantisemitische Verkehrung von Täter und Opfer in der Klage über die nicht enden wollende Thematisierung der Vergangenheit. Schon 1950 war die Forderung, man müsse jetzt doch endlich einen „Schlussstrich“ unter „die Vergangenheit“ ziehen, populär, bis heute wird sie in Umfragen von einer deutlichen Mehrheit geteilt.[41] In ihr wird nicht nur das Bedürfnis nach nationaler Identifikation deutlich, sondern auch eine zumindest latente Aggression gegen jene offenbar, denen unterstellt wird, diesen längst fälligen „Schlussstrich“ zu verhindern: Dem Statement „Ich ärgere mich darüber, dass den Deutschen auch heute noch die Verbrechen an den Juden vorgehalten werden“ stimmen durchgängig zwischen 58 und 70 Prozent zu.[42]

Manifest wird diese Aggression auch in Briefen und E-Mails an den Zentralrat der Juden in Deutschland, in denen der Hass immer offener geäußert wird.[43] „Die Juden werden als verkörperte Ermahnung, den Holocaust und seine Ursachen nicht zu vergessen, für den prekären Zustand des nationalen Selbstbewusstseins verantwortlich gemacht.“[44] Damit ist die Verkehrung von Täter und Opfer perfekt: Unschuldige Deutsche sind die Opfer böswilliger jüdischer Täter.

Auch die übrigen Grundstrukturen des sekundären gleichen jenen des klassischen modernen Antisemitismus: Wieder sollen es „die Juden“ sein, die verhindern, dass „die Nation“ zu sich selbst kommen kann, wenn auch nicht mehr innerhalb einer umfassenden antimodernen Weltanschauung. Im sekundären Antisemitismus wird das durch die „deutsche Tat“ Auschwitz entstandene Dilemma des Bedürfnisses nach „nationaler Identität“ personalisiert und mit den damit verknüpften Wut- und Schuldgefühlen auf die Juden projiziert. Es scheint paradox, aber aus der Vernichtung der Juden kann so ein neuerlicher Antisemitismus erwachsen. Das viel zitierte Bonmot des Psychoanalytikers Zvi Rex bringt dies treffend auf den Punkt: „Die Deutschen werden den Juden Auschwitz nie verzeihen.“[45]

Neben diesen Grundstrukturen finden sich im sekundären Antisemitismus auch zahlreiche weitere Motive des klassischen modernen Antisemitismus neu gewendet. Das alte christlich-antijudaistische Stereotyp vom rachsüchtigen Juden kehrt wieder in der bei fast der Hälfte der deutschen Bevölkerung zu findenden Auffassung, die Juden wollten die Deutschen immer wieder an ihre Schuld erinnern. Das Motiv der raffgierigen Juden, die sich auf Kosten der Deutschen bereicherten, zeigt sich in 32 bis 54 Prozent Zustimmung zu dem Statement: „Viele Juden versuchen, aus der Vergangenheit des Dritten Reiches heute ihren Vorteil zu ziehen."[46]

Auch die Motive von der jüdischen Weltverschwörung, der jüdischen Macht über Politik und Medien finden sich in der Vorstellung, es gebe eine „sagenhafte jüdische Lobby", deren „mächtiger publizistischer Maschinerie" es zuzuschreiben sei, dass die deutsche Vergangenheit nicht vergehen wolle.[47] Und mittels der Behauptung, diese jüdisch-linksintellektuelle Medienmacht schwinge eine bedrohliche „Moralkeule",[48] immunisiert sich Antisemitismus antisemitisch gegen den Antisemitismusvorwurf und konstruiert im gleichen Zug aufs Neue die Deutschen als Opfer jüdischer Angreifer.

Die durch zahlreiche Umfragen belegte hohe Zustimmung zu nationalistisch-sekundärantisemitischen Aussagen in der deutschen Bevölkerung gilt auch für die Linke: Zum Beispiel wird das Statement „Ich ärgere mich darüber, dass den Deutschen auch heute noch die Verbrechen an den Juden vorgehalten werden" ebenfalls bei jenen, die sich als politisch „links" einordnen, mehrheitlich bejaht.[49] Und auch im „Antizionismus" der DDR wie der Neuen Linken der BRD wurde das sekundär-antisemitische Bedürfnis offenbar.

III.

Der spätstalinistische „Antizionismus“ in der DDR

Der Prager Slánský-Schauprozess im November 1953 sollte den Auftakt bilden für eine ostblockweite Säuberungswelle mit antisemitischer Ausrichtung. Das SED-Parteiorgan *Neues Deutschland (ND)* entsandte einen Sonderkorrespondenten, der täglich seitenlang vom Prozess berichtete. Am 4. Januar 1953 ließ das Zentralkomitee der SED im *ND* seinen umfangreichen Beschluss „Lehren aus dem Prozess gegen das Verschwörerzentrum Slánský“ veröffentlichen. Das ZK warnte darin vor „getarnten Spionen, Agenten und Saboteuren“, die überall in der DDR, auch in der Partei selbst, ihr Unwesen trieben, und betonte hierbei die „verbrecherische Tätigkeit der zionistischen Organisationen“. Paul Merker, bis 1950 Mitglied von ZK und Politbüro, und weitere hochrangige Parteifunktionäre wurden angeklagt, schon seit Jahren in den Reihen der Partei als „zionistische Agenten“ die „Ausplünderung Deutschlands“ und die „Verschiebung von deutschem Volksvermögen“ zugunsten des US-amerikanischen Finanzkapitals und „jüdischer Monopolkapitalisten“ bezweckt zu haben.

Zeitgleich mit der „antizionistischen“ Propaganda hatten in der DDR, wenn auch verhaltener als im übrigen Ostblock, Repressalien gegen Juden begonnen: Die SED verfügte die Überprüfung der Kaderakten von allen Genossen jüdischer Abstammung, jüdische Angestellte in den Stadt- und Bezirksverwaltungen wurden entlassen. Paul Merker, selbst kein Jude, wurde Ende November inhaftiert. Den jüdischen Gemeinden, denunziert als Agenturen des Zionismus und Imperialismus, wurde die Unterstützung entzogen, kulturelle Veranstaltungen wurden verboten, Büros durchsucht. Die Gemeindevorsitzenden wurden über Hilfssendungen der US-amerikanischen jüdischen Wohlfahrtsorganisation *Joint* verhört und Listen der Gemeindemitglieder verlangt, denn alle Empfänger von Care-Paketen galten als dringend der Spionage verdächtig. Rund ein Viertel der circa 3.500 jüdischen Gemeindemitglieder floh aus der DDR, darunter auch fünf der insgesamt acht Gemeindevorsitzenden. Ein Schauprozess mit antisemitischer Ausrichtung stand auch in der DDR bevor.

Wie konnte es dazu kommen, dass sich – nur sieben Jahre nach dem Ende des Nationalsozialismus – in der sich als sozialistisch und antifaschistisch verstehenden DDR ein antisemitischer „Antizionismus" in Propaganda und Repressionen äußern konnte? Zweifelsohne war Stalin der Hauptverantwortliche und die SED leistete den Anweisungen aus Moskau Folge. Doch ist damit die Bedenken- und Widerstandslosigkeit, mit der die SED-Spitze die antizionistische Wendung aktiv umsetzte, erklärt? Wie ist es zu verstehen, dass manche Parteigenossen – so etwa der Chronist der nationalsozialistischen Judenverfolgung, Victor Klemperer – den antisemitischen Gehalt des Antizionismus gar nicht bemerkten?

Grundfolie des Weltbildes der *SED*[50] bildete der seit den 1920er Jahren kanonisierte „Marxismus-Leninismus". Dieser war Ende 1947 von Stalins Chefideologen Andrei Shdanow zur so genannten „Zwei-Lager-Theorie" aktualisiert worden. Die auch von der SED seit 1949 ständig propagierte Zwei-Lager-Theorie teilte die gesamte Welt in Gut und Böse auf: in das Lager des „kriegslüsternen Imperialismus" unter der

Vorherrschaft der USA versus dem weltweiten „Friedenslager“ – die realsozialistischen Staaten unter der Führung der UdSSR, die KPs in aller Welt sowie sämtliche „Völker“ der Erde. Der Feind wurde zum absolut Bösen und zur existentiellen Bedrohung dämonisiert: „Die Weltherrschaft, ... die Ausrottung anderer Völker“ seien die wahren Ziele des „amerikanischen Raubimperialismus“. Deswegen arbeite er auf die Entfesselung eines atomar geführten dritten Weltkrieges hin, um das sozialistische Friedenslager zu vernichten.

Dieser „Weltimperialismus“ galt der SED als das Werk einer kleinen Gruppe von „kriegslüsternen“ „Weltimperialisten“ und „Dollarkönigen“. Diese „Handvoll habgieriger Milliardäre“ beherrsche die halbe Welt und hecke „finstere Pläne“ und „Verschwörungen“ aus, um auch noch die sozialistische Welthälfte unter ihre Herrschaft zu bekommen. Es war die Rede von der „Internationale der Bankiers“, von „Finanzhyänen“, „Dollargeiern“, „Spekulanten“ und – auch dies war in der SED-Propaganda zu finden – „Blutsaugern“ und „Parasiten“. Leidtragender der „terroristischen Mörderinternationale von der Wall Street“ war keineswegs nur das Proletariat, sondern „die Völker“ generell: Die „Raubtiere der Wallstreet“ würden „die Völker ... aussaugen“ und seien daher die „Erzfeinde ... der gesamten ... Menschheit“.

Um die sozialistischen Staaten zu erobern, so verkündete die SED in Permanenz, habe der Imperialismus im Inneren der „volksdemokratischen Staaten“, ja sogar in der Partei selbst „ein weitverzweigtes Netz von Agenten“ aufgebaut, die es schleunigst unschädlich zu machen gelte. Nicht nur von der „Wühlarbeit“ und der „Zersetzungsarbeit“ der Agenten war die Rede, sondern auch von „Volksfeinden“, deren „Entlarvung“ und „Vernichtung“ die oberste Pflicht sei. Selbst die Vokabel des „Volksschädlings“ findet sich in der Propaganda der SED.

Im Gegensatz zu allen anderen Ostblockstaaten fehlte der DDR als Teilstaat von Moskaus Gnaden eine Grundakzeptanz als Staat in der Bevölkerung. Zudem bestritt die BRD dem SED-Staat offensiv jegliche politische wie „nationale" Legitimation. Dieser überaus prekären Lage versuchte die DDR mit einer vehementen deutsch-nationalen Kampagne zu begegnen.

Die BRD wurde beschrieben als ein „von den Gnaden des Dollarimperialismus abhängiger ... Marionettenstaat'". Die Bonner Politik sei nichts als „nationaler Verrat" und „Verschwörung". „Bezahlte Werkzeuge" hätten sich dazu hergegeben, das deutsche Volk „an die angloamerikanischen Imperialisten zu verschachern" und dieses zu „versklaven". Insbesondere die „Wucherzinsen" für Marshallplankredite „plündern das deutsche Volk aus". Und so forderte die SED: „Sofortige Einstellung ... der Überfremdung der deutschen Wirtschaft durch ausländische Kapitalisten. Beseitigung der Dollarzinsknechtschaft."

Sich selbst präsentierte die SED als „Vortrupp des deutschen Volkes" und rief in flammenden Manifesten „alle gesunden Volkskräfte" zum „nationalen Befreiungskampf" zur „Befreiung der Nation aus den Klauen des Dollarimperialismus" auf: „Finanzkapital oder Nation – so steht die Frage".

Mit derlei Nationalismus korrespondierte notwendig eine Freisprechung des „deutschen Volkes" von Schuld und Verantwortung für die Verbrechen des Nationalsozialismus. Dies war mittels der marxistisch-leninistischen Faschismusdefinition Georgi Dimitroffs von 1933, welche den Nationalsozialismus als bloße Diktatur des Finanzkapitals erklärte, einfach zu leisten. Mit ihr konnte die SED alle Schuld den Monopolkapitalisten und deren Werkzeug Hitler zuweisen, der „den Namen der deutschen Nation geschändet" habe, während „das deutsche Volk ... von faschistischen Machthabern versklavt" gewesen sei.

Folgerichtig lehnte die SED auch die Rückerstattung enteigneten jüdischen Eigentums und Entschädigungsleistungen an Juden ab. Rückerstattung würde, so die Begründung, dem Aufbau des Sozialismus entgegenlaufen. Außerdem würden Zahlungen an im Ausland lebende jüdische Kapitalisten die Not des unter den Folgen des Krieges leidenden deutschen Volkes weiter vergrößern. Das antisemitische Stereotyp, dass alle Juden Ausbeuter und Kapitalisten seien, und der Nationalismus der SED verbanden sich mit vereinfachenden „klassenkämpferischen" Ideologemen zu einer erschreckenden Ignoranz gegenüber dem jüdischen Schicksal und einer offensiven Abwehr von deutscher Schuld. Schon 1950 galt in den Verhören der Zentralen Parteikontrollkommission das Eintreten für Entschädigung und Rückerstattung als „parteiwidrige Auffassung", als schwerwiegendes Verdachtsmoment und sogar als Begründung für die Degradierung von SED-Funktionären.

Der ZK-Beschluss „Lehren aus dem Prozess gegen das Verschwörerzentrum Slansky" ist das zentrale Dokument des Antizionismus der DDR. Auch die „Lehren" repetierten das Szenario einer tödlichen Bedrohung durch den Imperialismus und dessen Agenten, behaupteten das „werktätige deutsche Volk" als existentiell bedroht durch „Todfeinde", die internationalen Finanzkapitalisten. Allerdings stellten das ZK der SED in den „Lehren" dem US-Imperialismus nunmehr einen neuen Akteur zur Seite: die „zionistischen Organisationen". Imperialismus und Zionismus verschmolzen zu einem einzigen Verschwörungszusammenhang. „Die zionistische Bewegung ... wird beherrscht, gelenkt und befehligt vom USA-Imperialismus, dient ausschließlich seinen Interessen und den Interessen der jüdischen Kapitalisten."

Der gleiche Vorgang zeigte sich auch bezüglich der inneren Feinde. Wurde schon seit Jahren die Wühlarbeit imperialistischer Organisationen behauptet, so griff das ZK nunmehr „die verbrecherische Tätigkeit der zionistischen Organisationen" in der DDR an. Paul Merker wurde vorgeworfen, er habe „alle Genossen jüdischer Abstammung" aufgefordert, in jüdische Gemeinden einzutreten, um sie mittels Care-Paketen der Hilfsorganisation *Joint* als Agenten zu ködern. Indem die schon seit Jahren an die Wand gemalten gefährlichen Agenten des Imperialismus nunmehr mit dem Adjektiv „zionistisch" näher klassifiziert wurden, reproduzierte die SED das klassisch antisemitische Stereotyp des landesverräterischen und zersetzenden Juden.

Darüber hinaus füllte die SED den aus Moskau kommenden Antizionismus noch mit dem spezifisch deutschen Thema Rückerstattung und Entschädigung. Paul Merker war während des Nationalsozialismus nach Mexiko emigriert und hatte die dortige kommunistische Exilgruppe geleitet. Tief betroffen vom Schicksal der Juden, hatte er sich in zahlreichen Artikeln für die Gründung eines jüdischen Nationalstaates, für die Rückerstattung „arisierten" Eigentums sowie für Entschädigungszahlungen eingesetzt. Nach seiner Rückkehr nach Deutschland war Merker in Politbüro und ZK der SED jedoch der einzige Befürworter von Rückerstattung und Entschädigung. Eben dies warf das ZK Merker in den „Lehren" nun vor. Seine Forderungen nach Rückerstattung und Entschädigungsleistungen seien nichts als perfide Manöver von „zionistischen Monopolkapitalisten" zur „Verschiebung von deutschem Volksvermögen". „Es unterliegt keinem Zweifel mehr, dass Merker ein Subjekt der USA-Finanzoligarchie ist, der die Entschädigung der jüdischen Vermögen nur forderte, um dem USA-Finanzkapital das Eindringen in Deutschland zu ermöglichen. Das ist die wahre Ursache seines Zionismus." Auch zu den Arisierungen der

Nazis nahm das ZK der SED einen marxistisch-leninistisch verbrämten Standpunkt ein: „Merker fälschte die aus den … Arbeitern herausgepressten Maximalprofite der Monopolkapitalisten in angebliches Eigentum des jüdischen Volkes um. In Wirklichkeit sind bei der ‚Arisierung' dieses Kapitals nur die Profite ‚jüdischer' Monopolkapitalisten in die Hände ‚arischer' Monopolkapitalisten übergewechselt." Damit hatte die SED festgestellt, dass alle Juden raffende Monopolkapitalisten gewesen seien, die sich auf Kosten des „schaffenden deutschen Volkes" bereichert hätten und deshalb seitens der SED mit keinerlei Rückerstattung zu rechnen hätten.

Auch die weitere Geschichte Merkers belegt die Antriebe des Antizionismus der DDR: Paul Merker wurde nach Stalins Tod nicht freigelassen, sondern stand im März 1955 in einem Geheimprozess vor dem Obersten Gericht der DDR. Die Urteilsbegründung, zwei Jahre nach Stalins Tod verfasst, warf Merker vor, er „propagierte … die Entschädigung der jüdischen Kapitalisten" und damit „eine Nachkriegspolitik für Deutschland …, die nicht den Interessen des deutschen Volkes, sondern denen des amerikanischen Imperialismus entsprach". „Weiter vertrat er … zionistische Tendenzen, indem er … die Schaffung eines jüdischen Nationalstaates propagierte". Merker wurde zu acht Jahren Zuchthaus verurteilt.

Lässt man die Ideologie und Propaganda der DDR vor dem Slánský-Prozess Revue passieren, so wird deutlich, dass diese in ihren Inhalten wie Struktur zahlreiche Ähnlichkeiten, Nähen und Überschneidungen zum „klassischen" modernen Antisemitismus aufwies:

Schon seit 1949 hatte die SED in ihrer Propaganda ein dem Antisemitismus teilweise überaus nahes Vokabular benutzt: Sie sprach von „Börsenhyänen" und „Parasiten", von der „unsichtbaren, aber allgewaltigen" Herrschaft der „Internationale der Wallstreet", von der „Zersetzung" durch innere Feinde, forderte die „Entlarvung“ und „Ausmerzung“ von „Schädlingen“ und „Volksfeinden“ und agitierte gegen „Dollarzinsknechtschaft“.

Entscheidender noch als die einzelnen Termini aber ist die ideologische Gesamtstruktur, durch die diese Begriffe ihre Bedeutung und Brisanz erst zugewiesen bekommen: ein manichäisches Weltbild, das eine existentielle Bedrohung durch innere und äußere Todfeinde behauptete, Personalisierung und Verschwörungstheorie im Weltmaßstab und die Entgegensetzung „werktätige Völker“ versus einem Nicht-Volk bzw. Anti-Volk, die „Internationale der Bankiers“. Allein die prominente Stelle des Bösen war noch nicht ethnifiziert, sondern von den „internationalen Finanzkapitalisten“ besetzt.

Zudem betrieb gerade die DDR eine deutsch-nationale Propaganda, die sich mit ihrem Marxismus-Leninismus bestens vereinbaren ließ. „Finanzkapital oder Nation“ – so stand für die SED die Frage, ihre antisemitische Beantwortung war zwar nicht zwingend, wohl aber möglich. Als im Zuge des Slánský-Prozesses der Imperialismus mit dem internationalen Zionismus verschmolzen wurde und neben die imperialistischen nun noch zionistische Kapitalisten traten und neben imperialistischen nun auch zionistische Agenten verfolgt wurden, stellte dies keine genuin neue Argumentation dar. Zugespitzt formuliert: Durch den Zusatz der Adjektive „jüdisch“ und „zionistisch“ wurde das strukturell mit dem Antisemitismus zu weiten Teilen deckungsgleiche Weltbild der SED gleitend auch inhaltlich antisemitisch.

Der spätstalinistische „Antizionismus“ ist unverkennbar eine Variante des „klassischen“ modernen Antisemitismus. Zur Einpassung in den Marxismus-Leninismus bedurfte er allerdings einer entscheidenden Camouflage: „Die Juden“

oder „das Judentum“ konnten nicht als Ziel genannt werden, eine derartige offensichtliche Ethnifizierung hätte sich nicht mit dem Marxismus-Leninismus vereinbaren lassen. Stattdessen gab man vor, etwas Politisch-Ökonomisches, den „Zionismus“ und dessen Vertreter, die „Zionisten“, zu bekämpfen. Zudem wäre es nach Auschwitz nicht opportun gewesen, „die Juden“ als Ziel zu nennen. Insofern zeigt sich im spätstalinistischen „Antizionismus“ auch eine prototypische erste Formulierung eines Antisemitismus von links nach Auschwitz, innerhalb dessen die *SED* mittels sekundär-antisemitischer Verkehrung von Täter und Opfer zusätzlich noch die Rückerstattung und Entschädigung als Ausbeutung des deutschen Volks durch jüdische Kapitalisten ablehnen konnte.

IV.

Der Antizionismus der Neuen Linken der BRD

Seit Ende der 1960er bis Anfang der 1980er Jahre vereinte ein antizionistischer Grundkonsens äußerst disparate und sich mitunter bekämpfende Gruppen, Strömungen und Parteien der westdeutschen Linken: *SDS*, Palästina-Gruppen, marxistisch-leninistische, maoistische und trotzkistische Kaderparteien, Spontis, Antiimperialisten und Autonome, DDR-treue DKP, *Gruppen des bewaffneten Kampfes*, aber auch kirchliche und „Dritte-Welt"-Gruppen, Alternativbewegung und Teile der GRÜNEN. Zwar unterschieden sich diese Gruppen in der Vehemenz und der ideologischen Konsequenz, mit welcher der Antizionismus formuliert und vertreten wurde. Doch im Grundsatz war man sich einig, nicht umsonst wurde innerlinke Kritik am Antizionismus erst in den 1980er Jahren laut: Sein antisemitischer Gehalt wollte vorher niemandem auffallen. Darüber hinaus findet sich ein derartiger Antizionismus, national leicht variiert, ebenso in der gesamten Linken Westeuropas wie auch in den sozialistischen Staaten des Warschauer Paktes.[51]

Grundlage dieser übergreifenden linken Gemeinsamkeit war eine von allen geteilte, relativ einfach gestrickte Weltsicht: ein „antiimperialistisches Weltbild", mit der das Weltgeschehen geordnet und bewertet wurde. Deren Grundzüge finden sich bereits in Lenins Imperialismustheorie und wurden von Kommunistischer Internationale und Marxismus-Leninismus weiter schematisiert. Diese Interpretationsschablone sieht die kapitalistische Welt beherrscht von einem einheitlich agierenden Machtblock aus Staat und Kapital, gesteuert von einer kleinen Clique von „Herrschenden". Diese halten in ihren Staaten „die Beherrschten" mittels direkter Repression, Befriedung per Sozialpolitik sowie geschickter Propaganda nieder. Ungeschminkt brutal zeige sich der Imperialismus gegenüber der „Dritten Welt", wo er die „Völker" unterdrücke, ausbeute und mit Krieg überziehe.

Wohlgemerkt: Nicht die Parteinahme für die „Dritte Welt" oder die grundsätzliche Kritik (spät-)kolonialer Machtpolitik bildet das Problem, sondern die Simplizität und die Grundstrukturen dieser Weltsicht: Die ganze Welt wird eindeutig in Gut und Böse, Opfer und Täter aufgeteilt. Alle Herrschaft und alle Ausbeutung wird einer kleinen internationalen Gruppe von „Herrschenden", ihren verwerflichen Zielen und Taten zur Last gelegt und damit personalisierend und tendenziell verschwörungstheoretisch erklärt. Als Gegenpol zu „Imperialismus", „Herrschenden" und „Finanzkapitalisten" fungierte das „Volk" im eigenen Land wie die „Völker der Dritten Welt".

Und je mehr sich Ende der 1960er Jahre die hochfliegenden Hoffnungen auf die kurz bevorstehende Umwälzung aller Verhältnisse als Illusion erwiesen und das eigene „Volk" sich wenig revolutionsbereit zeigte, desto mehr wollte die Neue Linke in den nationalen Befreiungsbewegungen der „Dritten Welt" die Verkörperung der weltrevolutionären Kräfte sehen. So enthusiastisch wie unkritisch wurden verschiedenste „revolutionäre" Befreiungsbewegungen heroisiert, verbunden mit einer romantisch-nationalistischen Identifikation mit dem jeweiligen „kämpfenden Volk".[52] „Sieg im Volkskrieg!" lautete eine geläufige Parole.

Dieses antiimperialistische Weltbild stellt einen Schlüssel zum Verständnis des Antizionismus selbst wie auch von dessen breiter Akzeptanz als Teil des linken Grundkonsenses dar. Nach 1967 wurde der Palästinakonflikt nur noch wahrgenommen als ein Bestandteil des revolutionären Kampfes der unterdrückten Völker der „Dritten Welt" gegen den Imperialismus. Wenn man aber im Palästina-Israel-Konflikt ein sich wehrendes „Opfer-Volk" sucht, so findet man hierfür die palästinensische Seite; Israel dagegen muss zum imperialistischen bösen Täter werden. Die DKP-Zeitung *Unsere Zeit* führte 1975 aus: „Die Welt im Nahen Osten ist in zwei Fronten geteilt. Da sind die arabischen Völker, die von den progressiven Kräften der Welt ... unterstützt werden, dem gegenüber stehen die zionistischen Kreise, die jüdische Bourgeoisie und Monopole in und außerhalb Israels, die von der gesamten kapitalistischen Welt unterstützt werden."[53]

Der jüdische Staat wurde verschmolzen mit Kapitalismus und (US-)Imperialismus sowie verdammt als „Brückenkopf des Imperialismus" und „zionistischer Aggressorstaat" mit durch und durch schlechtem Wesen.[54] Israel wurde charakterisiert als „Garten des Bösen", als ein Staat, der „ein einziges Kontinuum des Verbrechens gegen die Menschlichkeit ist".[55] Ebenso fungierte der Zionismus als Metapher für das Böse schlechthin: Er „wehrt sich vehement gegen ein friedliches Zusammenleben der Völker"; angesichts der „durch keine Vernunft und Menschlichkeit gebundenen Ungeheuerlichkeit zionistischer Aggressionen" sei der Zionismus „nicht nur der unversöhnliche und unreformierbare Feind der Palästinenser, er ist auch unser Feind, er ist der Feind aller Menschen".[56]

Die Gewalttaten „revolutionärer" palästinensischer Gruppen inklusive Flugzeugentführungen, Geiselnahmen und terroristischen Morden fanden dagegen Verständnis und Beifall. Von der palästinensischen Bevölkerung war nur in der kollektivierenden Formel „Volk" die Rede. „Alle Aktionen und Forderungen beweisen die Einheit des palästinensischen Volkes ... Israel ... ist mit dem gesamten Volk konfrontiert."[57] Auf „das Volk" konnte sich die antiimperialistische und antizionistische Linke gar nicht oft genug berufen. Die KPD erklärte 1974, sie unterstütze „rückhaltlos die gerechte Sache des palästinensischen Volkes. Es ist unser fester Wunsch, dass sich die palästinensischen Kämpfer ... fest auf die Volksmassen stützen, ... auf ... die Kraft ihrer arabischen Brudervölker vertrauen und im lang anhaltenden Volkskrieg ausharren."[58]

Israel dagegen durfte nach dem antiimperialistischen Schema kein Volk haben. Manche Antizionisten gestanden zwar die Existenz eines jüdischen Volkes zu, allerdings habe Israel mit diesem rein gar nichts zu tun. Israel sei nur „ein künstliches Gebilde", das der Zionismus als „Heimstätte aller Juden tarnen" würde.[59] Andere Antizionisten bestritten gleich generell die Existenz eines jüdischen Volkes. Die Juden seien ein „angebliches Volk", „das niemals existiert hat".[60] Um dies zu belegen, zitierten Antizionisten gerne die palästinensische Nationalcharta: Die Palästinenser seien ein Volk mit „Heimatboden" und einer „Identität" qua Abstammung als „unauslöschliche" Kennzeichen. Den zerstreut in vielen Ländern lebenden „Zionisten" dagegen fehle all dies, erläuterte 1989 die in Marburg erscheinende antizionistische Zeitschrift *Al Karamah*: „Sie bilden keine Nation und müssen sich nationale Eigenschaften durch Raub erwerben."[61]

Zahlreiche weitere klassisch antisemitische Stereotype flossen in die von einer solchen Weltsicht geprägte antizionistische Agitation ein: *Al Karamah* schrieb 1986 von der „zionistischen Weltbewegung", das Antiimperialistische Informationsbulletin 1971 von den „zionistischen Multimillionären, die ... sich immer wieder zu privaten Konferenzen (treffen), um Israels Aggression zu unterstützen".[62] Es findet sich (die auch heute nicht unbekannte) Klage über die „Beherrschung der Weltöffentlichkeit durch die zionistische Propaganda", die „jede kritische Äußerung gegen den zionistischen Staat Israel zum Schweigen zu bringen" versuche.[63] Unbefangen wurde vom „jüdischen Kapital", dem „internationalen Zionismus" oder dem „Weltzionismus" geschrieben.[64] Der Kommunistische Bund bezeichnete Israel als ein „mit geraubtem Land und geschnorrtem Geld errichtetes künstliches Gebilde", ein Journalist der Zeitschrift *Konkret* attestierte Israel einen „parasitären Charakter".[65]

Was tun, wenn ein echtes bodenverbundenes „Volk" von einem genuin bösen, „räuberischen", „parasitären" und „künstlichen" „Gebilde" bedroht wird? *Der Kommunistische Bund* 1973: „Der Konflikt im Nahen Osten kann nicht anders gelöst werden als durch die Zerschlagung des zionistischen Staates." Der *SDS* Frankfurt 1970: „Nieder mit dem chauvinistisch-rassistischen Staatengebilde Israel." Die bundesweit verbreitete Autonomen-Zeitschrift *interim* aus Berlin 1992: „Israel muss weg!"[66] Und der *Kommunistische Bund Westdeutschland* ließ 1975 den Gründer der palästinensischen *DFLP* für sich sprechen: „Wir sind diejenigen, die kämpfen, um den Staat Israel zu vernichten, das zionistische, kolonisatorische und koloniale Gebilde zu zerstören und es mit seinen Wurzeln herauszureißen".[67]

Um allerdings derart gegen den jüdischen Staat zu agitieren, musste die Shoah möglichst dethematisiert werden. Der Dimitroffschen Faschismus-Definition folgend, stellte die Linke in ihren Faschismusanalysen ausführlich die Zerschlagung der Arbeiterbewegung, die Profite der Industrie, die Unterdrückung der Arbeiterschaft und den kommunistischen Widerstand dar. Antisemitismus dagegen fand sich nur kurz erwähnt als Ablenkungspropaganda der Herrschenden und die Vernichtung der Juden als ein weiteres Beispiel für die Brutalität finanzkapitalistischer Diktatur. Diese in der Linken verbreitete Marginalisierung der Shoah[68] machte es Antizionisten leicht, Israel von Auschwitz zu trennen und seine „Zerschlagung" zu fordern.

Entsprechend empfindlich reagierten sie auf jede Erinnerung an Auschwitz. In der 1979 im deutschen Fernsehen mit großem Publikumserfolg ausgestrahlten US-Fernsehserie „Holocaust", welche die Judenvernichtung verpackt in eine Familiengeschichte thematisierte, wollte der *Kommunistische Bund Westdeutschlands (KBW)* nichts als „zionistische Propaganda" sehen.[69] Das *Nahostkomitee Heidelberg* warnte vor diesem „hinterhältigen Legitimationsversuch für den imperialistischen Brückenkopf Israel" – die imperialistisch-zionistische Verschwörung reichte für manchen Antizionisten bis in Hollywoods Filmindustrie hinein.[70]

War der Nationalsozialismus entsprechend der Dimitroffschen Faschismus-Formel aber nichts als die Diktatur der Finanzkapitalisten, so konnte die Mitte der 1970er Jahre links majorisierte Evangelische Studentengemeinde erklären: „Das erste Opfer des Faschismus war das deutsche Volk selber."[71] Die KPD verkündete zur gleichen Zeit, dass die deutsche Monopolbourgeoisie „bis zum Schluss das Mark aus den Knochen des eigenen Volkes ... saugte".[72] Der *KB* schlussfolgerte 1975: „Vergangenheitsbewältigung ist ein Begriff, den die Arbeiterklasse nicht nötig hat. Sie hat doch die Leiden des Faschismus und des Krieges am grausamsten und am krassesten am eigenen Leibe verspürt."[73] Insbesondere sich selbst attestierten deutsche Antizionisten qua später Geburt und linkem Bewusstsein, dass sie nichts mit dem NS zu tun hätten. „Die junge Generation in der Bundesrepublik ... fühlt sich für die Naziverbrechen an den europäischen Juden nicht verantwortlich."[74]

So wenig die Neue Linke über Antisemitismus, Auschwitz, deutsche Verantwortung oder gar eigenes Verhaftetsein darin nachdenken wollte, so treffsicher wusste sie, wo in der Gegenwart der neue Faschismus-Nationalsozialismus zu finden sei: Die penetrante Gleichsetzung von Israel mit dem Nationalsozialismus ist ein durchgängiges Kennzeichen gerade des deutschen Antizionismus. So behauptete der *SDS Heidelberg*, die israelische Regierung wolle „mit den arabischen Völkern ebenso verfahren ... wie die Nazis mit den Völkern Polens und der UdSSR".[75] Die KPD bezeichnete die Zionisten 1973 als „die Nazis unserer Tage", die Palästina „araberfrei" machen wollten.[76] Die *RAF* schrieb in ihrer Lobeshymne auf die Geiselnahme der israelischen Olympiamannschaft in München durch palästinensische Terroristen vom „Moshe-Dayan-Faschismus – diesem Himmler Israels", der „seine Sportler verheizt wie die Nazis die Juden".[77] In unzähligen Karikaturen wurde der Davidstern mit dem Hakenkreuz verschmolzen, man schrieb von „Nazisrael" oder vom „Nazionismus".[78] Die Zeitschrift *Al Karamah* verkündete in den späten 80er Jahren gar, „die faschistischen Vernichtungsmaßnahmen des zionistischen Siedlerstaates" würden jene „des deutschen Faschismus bei weitem übertreffen".[79] Und in nationalistisch-antisemitischer Wir/Sie-Entgegensetzung stellten deutsche Antizionisten fest, „so sind sie uns perverserweise ähnlich geworden".[80] In solchen Projektionen liegt nicht nur die Entlastung der Deutschen von ihrer Vergangenheit: Erklärt man die Zionisten/Juden/Israelis zu den Nazis von heute und die Palästinenser zu den „Juden der Juden",[81] ist dies auch eine Aufforderung zum „antifaschistischem Kampf" gegen den jüdischen Staat. Im *Nordirland-Info* hieß es dementsprechend 1983 drohend: „Die Juden sollen nicht glauben sie hätten durch unsere Taten eine Art Mordbonus erhalten."[82]

Das Bekennerschreiben der *Tupamaros Westberlin* für den bereits erwähnten missglückten Anschlag auf das jüdische Gemeindezentrum am 9. November 1969 erklärte, dass das Datum bewusst gewählt worden sei. Der Anschlag und das Beschmieren „jüdischer Mahnmale" seien aber keine rechten Taten, sondern „wahrer Antifaschismus", denn „aus den vom Faschismus vertriebenen Juden sind selbst Faschisten geworden, die in Kollaboration mit dem amerikanischen Kapital das palästinensische Volk ausradieren wollen."[83] Dieter Kunzelmann, der Initiator des Anschlags, forderte in der Berliner Untergrundzeitschrift *Agit 883*, die deutsche Linke müsse endlich ihren „Judenknax", das schlechte Gewissen wegen Auschwitz, überwinden und zusammen mit der *Al Fatah* den Kampf gegen „die faschistische Ideologie ‚Zionismus'" und das „Dritte Reich" Israel aufnehmen. „Wann endlich beginnt ... der organisierte Kampf gegen die heilige Kuh Israel?"[84]

Was bleibt als Fazit festzuhalten? Der Antizionismus konstruiert kein umfassendes Weltbild zur Erklärung der Moderne wie der klassische Antisemitismus, wohl aber erklärt er den Israel-Palästina-Konflikt nach eindeutig antisemitischem Muster. Schon das antiimperialistische Weltbild ist geprägt von Manichäismus, personalisierendem und verschwörungstheoretischem Denken, von Nationalismus und der Entgegensetzung von „Völkern" und internationalem Imperialismus. Es weist in seiner Struktur somit deutliche Nähen zum Antisemitismus auf. Allerdings: Das Feindbild, das anationale Finanzkapital, wird nicht ethnifiziert.

Wird aber der Israel-Palästina-Konflikt innerhalb dieses Schemas gedeutet, so entsteht schnell ein israelbezogener Antisemitismus, wie er sich (unterschiedlich deutlich ausformuliert) auch im antizionistischen Schrifttum zeigt. Denn setzt man den jüdischen Staat an die Position des genuin Bösen, so wird das Feindbild zwangsläufig ethnisiert: „Zionisten“ genannte Juden werden mit Imperialismus und internationalem Finanzkapital identifiziert (wenn auch nicht das Finanzkapital mit den Juden), Zionisten beziehungsweise „jüdische Kapitalisten“ seien weltweit vernetzt und Teil der „(US-)imperialistischen Verschwörungen“ gegen „die arabischen Völker“ im Allgemeinen und das palästinensische „Volk“ im Besonderen. Die Juden dürfen kein echtes „Volk“ sein und Israel könne nur ein „imperialistischer Brückenkopf“ sein: kein jüdischer Nationalstaat, ein bloßes „zionistisches Gebilde“, das mit antisemitischen Attributen wie „räuberisch“, „künstlich“ und „parasitär“ belegt wird. Das ist die klassisch antisemitische Konstruktion: Ein echtes „Volk“ ist bedroht von einer anationalen, internationalen, genuin bösen Macht, die mitunter gar zum „Feind aller Menschen“ gerät.

Darüber hinaus zeugen die Gleichsetzungen von Israel oder dem Zionismus mit dem Nationalsozialismus und der damit einhergehenden Verkehrung von Täter und Opfer von einem auch in der deutschen Linken virulenten Verlangen: Erklärt man Israel zum Faschismus der Gegenwart, so sind die Deutschen entlastet durch die Belastung der Juden. Im deutschen Antizionismus ist also auch der sekundäre Antisemitismus deutlich präsent.

V.

Antisemitismus von links im 21. Jahrhundert

Wie der geschichtliche Abriss sowie die beiden Fallbeispiele zeigen, ist Antisemitismus auf linker Seite nicht nur historische Realität, sondern auch ein internationales und gegenwärtiges Phänomen. So begann nach den Anschlägen vom 11. September 2001 und der weltweiten Zunahme des Antizionismus im Zuge der zweiten Intifada eine internationale Debatte über einen „neuen Antisemitismus", der sich vor allem gegen den „Ersatzjuden" Israel richte.[85] Doch wie nicht zuletzt die aktuelle Kontroverse um die in England, den USA und Skandinavien erheblich stärkere *BDS*-Bewegung zeigt, ist eine dezidiert antizionistische Positionierung innerhalb der Linken außerhalb Deutschlands deutlich weniger umstritten.[86]

In der Auseinandersetzung um Antisemitismus von links werden zumeist unterkomplexe und von den eigenen politischen Standpunkten geprägte Antisemitismus-Definitionen verwendet. So will etwa die Partei DIE LINKE erst dann von Antisemitismus sprechen, wenn jüdische Menschen direkt diskriminiert werden oder wenn sich explizit ausgesprochener Hass gegen ausnahmslos jeden Juden richtet. Mittels solcher überaus engen Definitionen kann ein Selbstfreispruch umgehend erfolgen.

Dagegen fassen Definitionen der Antisemitismuskritiker Antisemitismus meist relativ weit und nicht scharf genug. Der häufig angewandte „3-D-Test"[87] für den israelbezogenen

Antisemitismus mittels der drei Kriterien Doppelstandards, Dämonisierung und Delegitimierung ist zwar als heuristisches Mittel durchaus brauchbar. Aber doppelte moralische Standards und Dämonisierung des Gegners finden sich in allen ausgeprägteren Konflikten auf beiden Seiten. Und selbst die Delegitimierung Israels könnte auch anderen als nur antisemitischen Motiven entspringen. Häufig zu findende Definitionen wie „Feindschaft gegen die Juden, weil sie Juden sind", oder „eine bestimmte Wahrnehmung von Juden, die sich als Hass gegenüber Juden ausdrücken kann",[88] sind relativ unspezifisch und entsprechend wenig trennscharf: Es bleibt unklar, was das Besondere des modernen Antisemitismus ausmacht, und damit auch, was ihn von Rassismus, vom religiösen Antijudaismus des Mittelalters oder von nationalistischem Hass auf Israelis beziehungsweise auf Juden unterscheidet.

Der in Kapitel II vorgestellte Begriff des modernen Antisemitismus soll deswegen Analysekriterien bieten für ein begründetes Urteil über potenziell antisemitische Aussagen. Der moderne Antisemitismus wird hier verstanden als eine spezifische Weltsicht, die den Juden die abgelehnten Phänomene der modernen Gesellschaft zur Last legt und ihnen gegenüber das Wunschbild einer harmonischen nationalen Gemeinschaft zeichnet. Dieses Weltbild ist strukturiert durch vier grundlegende Denkprinzipien:

(1) Personalisierung gesellschaftlicher Phänomene mit der Folge verschwörungstheoretischer Vorstellungen von einer umfassenden, hinter den Kulissen wirkenden Macht, die Wirtschaft, Politik, Medien und Kultur bestimmt;

(2) Ethnifizierung sowohl der Juden als auch der Eigengruppe zu identitären Kollektiven;

(3) Konstruktion der Juden als ein außerhalb der Gemeinschaft „normaler Völker“ stehendes Anti-Volk, als „Feind aller Völker“;

(4) kontrafaktische Täter-Opfer-Dichotomie bis hin zu einer tödlichen Bedrohung der Existenz und der Identität der Eigengruppe durch jüdische Angreifer mit entsprechend gewaltförmigen Lösungsperspektiven.

Zwar ist nach Auschwitz in den westlichen Ländern ein offener, öffentlich geäußerter und zu einer umfassenden Weltanschauung ausformulierter Antisemitismus nur relativ selten. Wohl aber bestehen die einzelnen stereotypen Vorstellungsgehalte über Juden wie auch die Tendenz zur Personalisierung gesellschaftlicher Entwicklungen, das Bedürfnis nach nationaler Gemeinschaft, und das Denken im simplen Täter-Opfer-Schema weiterhin fort. Entsprechend häufig finden sich weiterhin Versatzstücke antisemitischen Denkens oder dieses wird als antisemitische Deutung des Israel-Palästina-Konflikts oder als sekundär-antisemitische Schuldabwehr virulent. Hierbei findet allerdings meist eine bewusste oder unbewusste sprachliche und argumentative Camouflage des Ressentiments statt. Um solch weniger expliziten, weniger weltbildhaften und camouflierten Antisemitismus zu erkennen und zu belegen, aber auch um nicht vorschnell Antisemitismus zu attestieren, bedarf es daher im Einzelfall einer genauen Analyse. Bei dieser geht es nicht allein um einzelne Worte, Stereotype und Aussagen, sondern um die zugrunde liegende Gesamtstruktur des Denkens, durch den erstere erst ihre Bedeutung zugewiesen bekommen: Werden bestimmte gesellschaftliche Phänomene personalisiert und verschwörungstheoretisch gedeutet? Findet sich die Entgegensetzung Volksgemeinschaft versus „jüdischer" Gesellschaft oder die Bedrohung „nationaler Identität" durch „Jüdisches"? Werden Täter und Opfer sekundärantisemitisch verkehrt? Im Einzelfall ist das Urteil immer begründungspflichtig, manchmal ist es schwierig zu fällen und entsprechend strittig.

In der Anfang des Jahrtausends rapide wachsenden globalisierungskritischen Bewegung hatte sich ein weites Spektrum von linken Christen, Gewerkschaftern, Grünen bis hin zu Autonomen und Kommunisten zusammengefunden, aus der immer wieder auch eine personalisierende und auf den Finanzsektor fixierte Globalisierungskritik formuliert wurde. Es war die Rede von der „Gier" der „gewissenlosen Eliten", im „Handbuch für Globalisierungskritiker" wurde die „Wucherei" kritisiert, in einem *Attac*-Gutachten wurden Finanzspekulanten als „Parasiten" charakterisiert, *Attac Österreich* schrieb vom Gegensatz von „Finanzkapital" und „Realkapital". Der Schweizer Soziologe Jean Ziegler sprach von der „Weltherrschaft" einer „ganz kleinen Gruppe von Oligarchen, die das Finanzkapital beherrschen", einer „Horde wild wütender Spekulanten". Der kanadische Ökonom Michel Chossudovsky behauptete, weltweit seien alle Konflikte „künstlich erzeugt" und „offen oder geheim von den westlichen Eliten finanziert". Diesen „Herrschenden" wurden immer wieder „die Völker" oder gar „die Menschheit" entgegengestellt, deren „Kultur", „Moral" und gemeinschaftlicher Zusammenhalt zunehmend von Auflösung bedroht sei. Ein von No-Globals verbreitetes Zitat des Zapatisten-Führers Subcommandante Marcos sprach vom „internationalen Krieg des Geldes gegen die Menschheit".[89]

Nationalistische, auf den Finanzsektor reduzierte Kapitalismuskritik zeigte sich seinerzeit auch bei der sozialdemokratischen Linken. Der SPD-Vorsitzende Franz Müntefering löste 2005 mit seiner Rede von den internationalen Finanzinvestoren, die wie „Heuschreckenschwärme" über Industrieunternehmen herfielen, eine längere Debatte aus, über die sich diese assoziationsreiche Tiermetapher (auf einer *Verdi*-Demonstration wurde auf einem Transparent einer als „Börsenungeziefer" bezeichneten Heuschrecke mit Gift aus der Sprühdose begegnet) weit verbreitete.[90] Noch problematischer waren 2005 die Illustrationen des Monatsmagazins der *IG Metall* zu der Titelgeschichte „Die Aussauger. US-Firmen in Deutschland".[91] Auf dem Cover prangte im Großformat eine Stechmücke mit langem spitzem Saugrüssel, einem Goldzahn, Stars-&-Stripes-Zylinder, Dollarzeichen in den Augen und einem Koffer voller Geldscheine in der Hand; im Heft flog ein riesiger Schwarm dieser Blutsauger im Sturzflug auf eine deutsche Fabrik zu, deren Schornstein bereits kraftlos in sich zusammensackte.

All das richtete sich nicht gegen Juden und kann daher nicht als Antisemitismus bezeichnet werden, doch gleichwohl gibt es bedenkliche Nähen: Personalisierung, der Gebrauch von auch im Antisemitismus häufig verwendeten Tiermetaphern wie Heuschrecke oder Krake, verschwörungstheoretische Tendenzen, die Entgegensetzung einer kleinen macht- und profitgierigen internationalen Finanzelite versus „nationaler Arbeit", „Völker" oder „Menschheit" zeigen deutliche strukturelle Nähen zur antisemitischen Weltsicht.

Dass ein solcher Antikapitalismus auch antisemitische Affekte ansprechen kann, zeigen Vorfälle bei der 2011 von New York ausgehenden *Occupy-Wall-Street*-Bewegung. Die Bewegung behauptete, für die unteren 99 Prozent der Menschheit zu sprechen, denen sie das oberste ein Prozent entgegensetzte. Folgerichtig verkündete ein Schild auf einer Berliner *Occupy*-Demonstration: „Eine Welt ohne 1 % ist nötig", in Hamburg wurde gefordert „Bring your Banker to your Henker". In New York tauchten bei *Occupy*-Protesten vereinzelt antisemitische Schilder auf wie „Humanity vs. the Rothschilds" oder „Zionists control Wall St.", in Los Angeles verbreitete eine *Occupy*-Aktivistin Entsprechendes offen in Fernsehinterviews.[92]

Das häufigste Einfallstor für Antisemitismus von links stellt allerdings der Israel-Palästina-Konflikt dar. Zwar ist der Antizionismus heute nicht mehr linker Konsens und artikuliert sich meist nicht mehr so offen und rabiat wie jener der 1970er Jahre. Doch in der heute so genannten „Israelkritik" insbesondere von antiimperialistischer, orthodoxer und trotzkistischer Seite, in der globalisierungskritischen Bewegung, in Teilen der Partei DIE LINKE, bei Autoren der Zeitung *Junge Welt* und anderen – finden sich regelmäßig die meisten schon aus den 1970er Jahren bekannten Momente des Antizionismus mit teilweise leicht verändertem Vokabular wieder.

Innerhalb der einfachen antiimperialistischen Gut-Böse-Weltsicht ist etwa für Werner Pirker von der *Jungen Welt* allein der jüdische Staat „die treibende Kraft der ständigen Reproduktion der Barbarei in der Nahost-Region" und bildet „in nahöstlicher Aktionseinheit mit der alleinigen Supermacht USA das Gravitationszentrum des imperialistischen Krieges".[93] Damit einher geht die Identifikation mit der „guten" Seite: Die islamistische, antisemitische, Frauen unterdrückende, diktatorisch herrschende *Hamas* galt dem trotzkistischen *Linksruck* als „Befreiungsbewegung gegen den Imperialismus" und einzelnen Politikern der Partei DIE LINKE als „unsere Verbündeten" oder als „Volksbefreiungsbewegung", die, so der außenpolitische Sprecher der LINKEN-Bundestagsfraktion Norman Paech 2008, lediglich „Neujahrsraketen" auf Israel abfeuere.[94]

Israel ist für antiimperialistische und antizionistische

Linke weiterhin kein richtiger, kein „natürlicher“ Staat, die Israelis sind keine „Nation“: Werner Pirker urteilt in der *Jungen Welt*, Israel sei „als Staat ohne Nation“ „aus der Retorte“ entstanden und die „Künstlichkeit seiner Existenz evident“.[95] Deshalb sei, so war bis 2011 auf der Website der Bremer LINKEN zu lesen, die „Anerkennung des Existenzrechts Israels“ ein „ideologisches Hirngespinst“.[96] Der Fraktionschef der LINKEN in Duisburg bezeichnete die Frage des Existenzrechts Israels als „läppisch“.[97]

Boycott, Divestment and Sanctions (*BDS*)

In jüngster Zeit ist eine neue antizionistische Kampagne zunehmend aktiv: der internationale Israel-Boykott *BDS (Boycott, Divestment and Sanctions)*, der 2005 von 171 „RepräsentantInnen der palästinensischen Zivilgesellschaft“[98] ausgerufen wurde. Israel sei, so der Gründungsaufruf, größtenteils auf Land gegründet worden, das „ethnisch gesäubert“ worden sei, habe wie ehemals Südafrika ein Apartheidsystem installiert und breche mit seiner Besatzung und Siedlungspolitik anhaltend internationales Recht. Damit verstoße Israel gegen „die universellen Prinzipien der Menschenrechte“.

Mittels eines gewaltlosen und umfassenden Boykotts auf politischem, wirtschaftlichem, akademischem und kulturellem Gebiet sollen drei Kernforderungen durchgesetzt werden: Beendigung der „Besetzung und Kolonisation allen arabischen Landes“ sowie der „in Israels System verwurzelten rassistischen Diskriminierung“ der palästinensischen Israelis und das „Rückkehrrecht“ aller palästinensischen Flüchtlinge „in ihre Heimat und zu ihrem Eigentum“.

Ein palästinensisches *BDS National Committee* (BNC) gibt die Richtlinien vor und koordiniert das internationale Netzwerk unterschiedlicher Unterstützergruppen und Initiativen, von denen sich viele als „links" verstehen. Am stärksten ist die Kampagne in Kanada, den USA, Großbritannien sowie den skandinavischen Ländern vertreten, vor allem an den Universitäten und im kulturellen Bereich.

In Deutschland macht *BDS* erst seit 2014 durch verschiedene Aktivitäten von sich reden. Aktivisten in weißen Kitteln mit der Aufschrift „BDS-Inspektion" durchsuchten das Obst- und Gemüse-Sortiment von Supermärkten nach Waren aus den Siedlungen im Westjordanland. Außerdem gibt es Kampagnen gegen Firmen, denen auch nur mittelbare Geschäftsverbindungen zu den besetzten Gebieten nachgesagt werden, Störungen von pro-israelischen Veranstaltungen sowie Boykottaufrufe gegen Festivals und Events, bei denen israelische Künstler auftreten.

Im Mai 2019 verurteilte eine breite Mehrheit des Bundestags *BDS* mittels einer relativ weiten Antisemitismusdefinition als generell antisemitisch und beschloss, keine Organisationen oder Projekte finanziell zu fördern, die *BDS* aktiv unterstützen. Hiergegen erhob sich allerdings auch Widerspruch. So wandten sich etwa 60 israelische und jüdische Wissenschaftler in einem Appell gegen den *BDS*-Beschluss des Bundestages: Es gebe eine zunehmende Tendenz, alle Unterstützer palästinensischer Menschenrechte als Antisemiten abzustempeln. *BDS* aber sei nicht antisemitisch, sondern eine gewaltfreie, antirassistische und an den Menschenrechten orientierte Bewegung.[99]

Ist *BDS* als antisemitisch zu bezeichnen? Nach dem hier vorgeschlagenen Antisemitismus-Begriff genügt es nicht, nur einzelne Aussagen zu betrachten. Denn etwa eine extrem parteiische Sicht und Doppelmoral sind kein Alleinstellungsmerkmal des Antisemitismus. Und so sehr auch ein gegen Israel gerichteter Boykott an die NS-Zeit erinnert, muss er nicht per se antisemitisch sein: Es kommt auf den Gesamtzusammenhang an. Dieser sei hier kurz skizziert.

BDS präsentiert sich als gewaltfreie Aktion aus der Zivilgesellschaft. Allerdings war an der Gründung von *BDS* das *Council of Palestinian National and Islamic Forces* an führender Stelle beteiligt. Diese „zivilgesellschaftliche Organisation" ist eine Koalition von 15 politisch-militärischen Organisationen, darunter die *Hamas*, der *Islamische Dschihad* und die *PFLP*. Alle drei sind militant, antisemitisch, verantwortlich für Raketenangriffe und Suizidanschläge auf die israelische Zivilbevölkerung. Seitens *BDS* gibt es keinerlei Distanzierung von gewaltsamen und terroristischen Aktionen. Omar Barghouti, der wohl bekannteste Kopf des *BNC*, erklärt ausdrücklich, er sei „stolz" auf den „bewaffneten Widerstand", denn eine Bevölkerung unter Besatzung habe ein Recht auf „Widerstand mit allen Mitteln".[100] Ebenso befinden sich unter dem *BDS*-Aufruf auch NGOs, die durch Antisemitismus aufgefallen sind oder palästinensische Attentäterinnen verehren.[101] In Deutschland wiederum sind einige *BDS*-Gruppen den örtlichen *PFLP*-Ablegern verbunden und bewarben zum Bespiel deren Veranstaltungen mit einer früheren Terroristin.[102] Im Zuge von *BDS*-Veranstaltungen, Aktionen und Demonstrationen kommt es immer wieder zu antisemitischen Parolen und gewalttätigen Übergriffen.[103]

Wichtiger aber noch sind die Ziele von *BDS* und deren Begründung. Auf den ersten Blick scheinen die unter Berufung auf Menschen- und Völkerrecht vorgebrachten Forderungen vielen unterstützenswert, doch beim genauen Hinsehen zeigt sich ein anders Bild.

(1) *BDS* fordert die Beendigung der Besetzung „allen arabischen Landes". Ob dies nur die seit 1967 besetzten Gebiete meint oder ganz Israel wird – erst einmal – bewusst im

Diffusen gelassen.

(2) *BDS* fordert ein „Rückkehrrecht" für alle Flüchtlinge. Im Zuge der Kriege 1948 und 1967 gab es etwa eine Million Flüchtlinge. Da aber, weltweit einmalig, auch all deren Kinder, Enkel und so weiter als Flüchtlinge gezählt werden, bezieht sich die Forderung nach einem Recht auf Rückkehr auf mittlerweile über fünf Millionen Menschen. Doch würden alle, die deswegen formal als Flüchtlinge zählen, nach Israel einwandern, entstünde eine palästinensische Bevölkerungsmehrheit. Eben dies benennt Omar Barghouti offen als den Grund für das Insistieren auf einem „unveräußerlichen Recht" auf Rückkehr: „A return for refugees would end Israel's existence as a Jewish state."[104]

UN-Beschlüsse und Völkerrecht – der UN-Teilungsbeschluss von 1947 oder die Anerkennung Israels durch die UN – zählen offensichtlich nicht, wenn sie Israels Existenz versichern. Barghouti wie andere führende Köpfe von *BDS* sprechen sich dezidiert gegen die Zwei-Staaten-Lösung aus: „Most definitely we oppose a Jewish state in any part of Palestine. No Palestinian ... will ever accept a Jewish state in Palestine."[105]

Als positives Ziel wird „ein demokratischer Staat" in ganz Palästina propagiert, der palästinensisch sein wird. Zumal die Juden gar keine richtige Nation seien: „Binationalism makes two problematic assumptions: that Jews are a nation, and that such a nation has a right to exist as such in Palestine."[106] In Israel gebe es keine „jüdische Nation", sondern zugewanderte „weiße Siedler" und „Kolonisatoren", die eine „rassistische Herrschaft" über das autochthone palästinensische Volk errichtet hätten. Dabei wird Israel nicht nur der Besatzung und Unterdrückung der unter Militärherrschaft stehenden Bevölkerung, völkerrechtlich illegaler Siedlungen, Enteignungen und anderem angeklagt. Vielmehr werden regelmäßig auch historisch falsche und begrifflich unangebrachte Vorwürfe wie die der Apartheid in Israel, der ethnischen Säuberung oder gar des Genozids erhoben. Innerhalb dieses Feindbildes ist Israel nicht – wie die Juden im Antisemitismus – der Schlüssel zur Erklärung alles Bösen der modernen Gesellschaft. Wohl aber verkörpert „der Zionismus" alle abzulehnenden Übel wie Rassismus, Kolonialismus, Imperialismus, rücksichtslose Unterdrückung, Apartheid oder ethnische Säuberungen. Der Zionismus ist der Antagonist des unschuldigen Opfers, des palästinensischen Volks, sowie der ganzen arabischen Welt, aber auch von allen Grundwerten der internationalen Gemeinschaft.

Auch verschwörungstheoretische Tendenzen finden sich bei BDS deutlich. So präsentieren sich BDS-Gruppen, schlägt ihnen politischer Widerstand entgegen, regelmäßig als Opfer der auch verdeckt wirkenden „Israel-Lobby". Entsprechend verlautbart das BNC, Israel, dessen Lobbygruppen sowie „Milliardäre" hätten „eine beispiellose weltweite und finanziell gut ausgestattete Kampagne gestartet, um das palästinensische Narrativ zum Schweigen zu bringen" und BDS zu „kriminalisieren", was im Westen „die bürgerlichen Freiheiten insgesamt" bedrohe.[107] Auch Omar Barghouti beklagt immer wieder den „zionistischen Einfluss in den Medien" und Israels „enorme Macht und ... beispiellosen Einfluss auf Washington": „Der Kongress ist gekauft und bezahlt von der israelischen Lobby." Nicht anders sei die Lage in Europa: Israel „has protégés that are handsomely paid ... Israel has managed to dictate the discourse, the political line, in the European mainstream media, parliaments and power milieus."[108]

Was bleibt als Fazit festzuhalten? BDS bleibt in Wortwahl

wie Argumentationsweise verschleiert und diffus und ist so in der Lage, ein möglichst breites Spektrum hinter seiner Kampagne zu vereinen. In Deutschland beteiligen sich palästinensische, arabische, islamistische, jüdische, christliche sowie linke bis antiimperialistische Gruppen und Personen an der Kampagne. Argumentiert wird mit Menschen- und Völkerrecht, Antirassismus und Antikolonialismus, doch das letztendliche Ziel der Kampagne ist ein palästinensisches Palästina durch das Ende Israels. Geworben wird auch mit Vokabeln wie Zivilgesellschaft und Gewaltfreiheit sowie der Behauptung, sich nicht gegen Juden, sondern nur gegen „Zionisten" zu wenden. Dem aber widerspricht nicht nur, dass Hamas und andere unter den BDS-Gründern zu finden sind: Die sechs Millionen jüdische Israelis dürften wohl kaum gewaltfrei von einer Auflösung ihres Staates zu überzeugen sein. Insofern ist BDS primär eine Aktionsform eines radikalen, kompromisslosen und letztendlich gewaltförmigen palästinensischen Nationalismus.

Innerhalb dieses Nationalismus finden sich zudem Elemente des Antisemitismus, was angesichts des in Predigten, Zeitungen und TV verbreiteten offenen Antisemitismus in den palästinensischen Gebieten wie auch in der arabischen Welt generell – den etwa Omar Barghouti völlig in Abrede stellt[109] – kaum verwunderlich ist. BDS hat antisemitische Mitglieder, toleriert und ignoriert Antisemitismus, bestreitet seine Existenz, die BDS-Argumentation ist zumindest als teilweise antisemitisch zu klassifizieren: In einem radikalen Gut-Böse- ebenso wie im Täter-Opfer-Antagonismus ist der Zionismus das durch und durch Böse und die Juden beziehungsweise Israelis gelten BDS nicht als richtiges „Volk" oder „Nation" wie die Palästinenser. Es finden sich deutliche verschwörungstheoretische Vorstellungen von der jüdisch-israelisch-zionistischen Macht, die mittels Geldes und Lobbyarbeit Politik und Medien beeinflusse, kaufe und steuere. Zwar wird nicht die gesamte moderne Welt mittels der Juden erklärt, wohl aber gelten sie als das Grundübel im arabischen Raum, als westliches Implantat, das beseitigt werden muss.

Abgesehen davon, wie hoch der Anteil von Antisemitismus bei *BNC*, *BDS* oder einzelnen *BDS*-Gruppen ist: *BDS* ist Ausdruck eines kompromisslosen Nationalismus, dessen Ziel die Auflösung des jüdischen Staates ist. Schon dies sollte genügen, sich von der Kampagne zumindest fernzuhalten. Dennoch beteiligen sich viele Linke an der *BDS*-Bewegung und arbeiten mit Gruppen zusammen, die nicht nur nationalistisch, sondern teilweise islamistisch und antisemitisch (sowie auch autoritär, frauenfeindlich und homophob) sind. Die Ursachen hierfür gleichen jenen für den linken Antizionismus der 1970er Jahre: Zum einen ein Weltbild, das komplizierte politische Konflikte nach einem simplen Gut-Böse-Schema sortieren will, gepaart mit dem nationalistischen Bedürfnis, sich mit einem gegen das Böse kämpfenden „Volk" zu identifizieren. Zum anderen ist aber immer auch zu fragen, welches die Antriebe sind, warum sich so viele Linke speziell auf den Israel-Palästina-Konflikt konzentrieren und weshalb gerade dieser so viel Emotion und Identifikation hervorzurufen vermag.

1 Vgl. Salzborn, Samuel/Voigt, Sebastian: *Antisemiten als Koalitionspartner?*, in: *Zeitschrift für Politik*, Nr. 3/2011, S. 296. Zur Kritik dieser Studie s. Ullrich, Peter/Werner, Alban: *Ist „DIE LINKE" antisemitisch? Über Grauzonen der „Israelkritik" und ihre Kritiker*, in: *Zeitschrift für Politik*, Nr. 4/2012, S. 424-441.

2 Im Sommer 2014 fanden sich insbesondere in Nordrhein-Westfalen auf zahlreichen Demonstrationen gegen den Gazakrieg antisemitische Parolen und Transparente, auch auf einer von der *Linksjugend Solid* veranstalteten Demonstration am 18. Juli in Essen; DIE LINKE NRW hatte sich Anfang Juli pauschal mit allen in NRW stattfindenden Demonstrationen solidarisch erklärt. Vgl. Bottermann, Arndt: *Sommer des Antisemitismus?, Lotta-Magazin*, 1.11.2014, unter: http://www.lotta-magazin.de/ausgabe/57/sommer-des-antisemitismus (zuletzt abgerufen am 10.09.2019).

3 Vgl. Pohl, Ines: *Wir müssen der Kritik Grenzen setzen, taz online* vom 16.6.2011, unter: https://taz.de/Gregor-Gysi-ueber-Antisemitismus-Debatte/!5118493/; Hengst, Björn: *Linke zerstreitet sich mit Zentralrat der Juden*, Spiegel online vom 20.06.2011, unter: https://www.spiegel.de/politik/deutschland/antisemitismus-vorwurf-linke-zerstreitet-sich-mit-zentralrat-der-juden-a-769441.html (beide zuletzt abgerufen am 18.8.2019) und www.nibelungen-kurier.de/?t=news&s=Aus%20aller%20Welt&ID=37883, zuletzt abgerufen am 27.06.2011.

4 Silberner, Edmund: *Sozialisten zur Judenfrage. Ein Beitrag zur Geschichte des Sozialismus vom Anfang des 19. Jahrhunderts bis 1914*, Berlin 1962, S. 142. Vgl. auch: Ders., *Kommunisten zur Judenfrage. Zur Geschichte von Theorie und Praxis des Kommunismus*, Opladen 1983.

5 Zitiert nach Silberner 1962, S. 18 f.

6 Zitiert nach Benz, Wolfgang (Hg.): *Handbuch des Antisemitismus*. Bd. 2, Berlin 2009, S. 657 f.

7 Zitiert nach Silberner 1962, S. 275. In vielen Schriften wird auch

Karl Marx (vor allem in seiner Frühschrift *Zur Judenfrage*) Antisemitismus attestiert (vgl. exemplarisch: Silberner 1962, S. 107-142). Analysiert man jedoch die Marxsche Schrift mittels des im folgenden vorgestellten Antisemitismusbegriffs, so wird deutlich, dass Marx zwar ein antijüdisches Bild (Juden seien vorrangig in der Zirkulationssphäre tätig) benutzt, allerdings nicht, um die Juden anzugreifen (Marx sprach sich dezidiert für ihre Emanzipation aus), sondern um die bürgerliche Gesellschaft insgesamt zu kritisieren. Er beschuldigt die Juden weder, „das Volk" auszubeuten, noch die geheimen Herrscher in Politik und Ökonomie oder gar „die Feinde der Menschheit" zu sein. Vgl. Haury, Thomas: *Zur Judenfrage,* in: Berg, Nicolas (Hg.): *Kapitalismusdebatten. Über antisemitisierende Semantiken des Jüdischen,* Leipzig 2011, S. 141-179.

8 Vgl. zur SPD: Haury, Thomas: *Antisemitismus von Links: Kommunistische Ideologie, Nationalismus und Antizionismus in der frühen DDR*, Hamburg 2002, S. 183-209; Leuschen-Seppel, Rosemarie: *Sozialdemokratie und Antisemitismus im Kaiserreich*, Bonn 1978; Henke, Hans-Gerd: *Der „Jude" als Kollektivsymbol in der deutschen Sozialdemokratie 1890-1914*, Mainz 1994.

9 Kautsky, Karl: *Rasse und Judentum*, Berlin/Stuttgart 1914. Vgl. auch Haury 2002, S. 204 ff.

10 Dieses und alle im Absatz folgenden Zitate stammen aus Beschlüssen und Verlautbarungen der KPD-Parteiführung sowie aus Artikeln und Aufsätzen in den Parteiorganen *Rote Fahne* und *Die Internationale*. Einzelnachweise dieser Zitate in: Haury 2002, S. 267-288. Grundlegend zur KPD vgl. Kistenmacher, Olaf: *Arbeit und „jüdisches Kapital"*, Bremen 2016.

11 Dieses und alle folgenden Zitate aus dem Schlussplädoyer finden sich im in der DDR als Buch erhältlichen Prozessprotokoll: *Prozess gegen die Leitung des staatsfeindlichen Verschwörerzentrums mit Rudolf Slánský an der Spitze*, Prag 1953, hier S. 598-638. Vgl. zum Slánský-Prozess auch: London, Artur: *Ich gestehe. Der Prozess um Rudolf Slansky*, Berlin 1991, sowie Holz, Klaus: *Nationaler Anti-*

semitismus. Wissenssoziologie einer Weltanschauung, Hamburg 2001, S. 431 ff.

12 Zitiert nach Lustiger, Arno: *Stalin und die Juden. Die tragische Geschichte des Jüdischen Antifaschistischen Komitees und der sowjetischen Juden*, Berlin 2000, S. 281; Rapoport, Louis: *Hammer, Sichel, Davidstern. Judenverfolgung in der Sowjetunion*, Berlin 1992, S. 182 ff.

13 Vgl. zum Verhältnis der DDR zu Israel: Haury, Thomas: *Die DDR und der „Aggressorstaat Israel"*, in: *Tribüne*, 2005/173, S. 202-215; Timm, Angelika: *Hammer, Zirkel, Davidstern. Das gestörte Verhältnis der DDR zu Zionismus und Staat Israel*, Bonn 1997.

14 Vgl. zur Geschichte des Antizionismus in der Neuen Linken insbesondere Kloke, Martin: *Israel und die deutsche Linke. Zur Geschichte eines schwierigen Verhältnisses*, Frankfurt 1990.

15 Vgl. Poliakov, Léon: *Vom Antizionismus zum Antisemitismus*, Freiburg 1992; Landmann, Michael: *Das Israelpseudos der Pseudolinken*, Freiburg 2013; Améry, Jean: *Der ehrbare Antisemitismus*, in: ders.: Werke, Bd. 7, Stuttgart 2005, S. 131-140.

16 *SDS Frankfurt* 1970, zitiert nach Kloke 1990, S. 80.

17 *Rote Armee Fraktion: Texte und Materialien zur Geschichte der RAF*, Berlin 1997, S. 151.

18 Broder, Henryk M.: *Antizionismus – Antisemitismus von links?*, in: Aus Politik und Zeitgeschichte, Nr. 24/1976, S. 31-46. Vgl. auch ders.: *Ihr bleibt die Kinder Eurer Eltern*, in: *Die Zeit*, Nr. 10/27.2.1981 sowie ders.: *Der ewige Antisemit*, Frankfurt 1986.

19 Zit. n. Kloke 1990, S. 140.

20 Vgl. z.B. Wetzel, Dieter: *Die Verlängerung von Geschichte. Deutsche, Juden und der Palästinakonflikt*, Frankfurt 1983; Schneider, Karlheinz/Simon, Nikolaus: *Solidarität und deutsche Geschichte.*

Die Linke zwischen Antisemitismus und Israelkritik, Berlin 1987.

21 So Hans-Christian Ströbele im Interview mit Henryk M. Broder, in: *Süddeutsche Zeitung*, 19.2.1991.

22 Vgl. z.B. Broder, Henryk M. u.a.: *Liebesgrüße aus Bagdad*, Berlin 1991.

23 Vgl. zu dieser Strömung wie auch deren eigenen ideologischen Wirrungen und Verirrungen, Flügelkämpfen und Fraktionierungen (die hier nicht Thema sind): Hagen, Patrick: Die Antideutschen und die Debatte der Linken über Israel, unter: http://www.theopenunderground.de/@pdf/toug/moribund/hagen.pdf (zuletzt abgerufen am 9.7.2019) sowie Haury, Thomas: *Der neue Antisemitismusstreit in der deutschen Linken*, in: Rabinovici, Doron u.a. (Hg.): *Neuer Antisemitismus? Eine globale Debatte*, Frankfurt 2004, S. 143-167.

24 Zitiert nach Haury 2004, S. 150.

25 Vgl. Haury, Thomas: *„... ziehen die Fäden im Hintergrund". No-Globals, Antisemitismus und Antiamerikanismus*, in: Loewy, Hanno: *Gerüchte über die Juden. Antisemitismus, Philosemitismus und aktuelle Verschwörungstheorien*, Essen 2005, S. 72 ff.

26 Zwerenz, Gerhard: *Linker Antisemitismus ist unmöglich*, in: *Die Zeit*, Nr. 16/9.4.1976, S. 34.

27 Vgl. Holz 2001; Haury 2002.

28 Anderson, Benedict: *Die Erfindung der Nation. Zur Karriere eines folgenreichen Konzepts*, Frankfurt 1988.

29 Améry, Jean: *Widersprüche*, München 1990, S. 201.

30 So der Philosoph Jakob Friedrich Fries 1816, zitiert nach Haury 2002, S. 113.

31 Entsprechend äußerten sich Eugen Dühring und Paul de Lagarde, zitiert nach Haury 2002, S. 101.

32 Alles zit. n. Haury 2002, S. 112-114.

33 Bergmann, Werner/Erb, Rainer: *Antisemitismus in der Bundesrepublik Deutschland. Ergebnisse der empirischen Forschung 1946–1989*, Opladen 1991, S. 58.

34 Marin, Bernd: *Ein historisch neuartiger „Antisemitismus ohne Antisemiten"?*, in: *Geschichte und Gesellschaft*, 1979/4, S. 545-569.

35 Klug, Brian: *The collective Jew. Israel and the new antisemitism*, in: *Patterns of Prejudice* 37/2, S. 117-138.

36 Diese neue Form des Antisemitismus trat aufgrund einer Reihe vergangenheitspolitischer Konflikte im Laufe der 1980er Jahre zunehmend deutlicher hervor. Vgl. für viele: Bergmann, Werner/Erb, Rainer: *Kommunikationslatenz, Moralkommunikation und öffentliche Meinung. Theoretische Überlegungen zum Antisemitismus in der Bundesrepublik Deutschland*, in: *Kölner Zeitschrift für Soziologie und Sozialpsychologie*, 1986/38, S. 223-246; Broder 1986.

37 Nicht von ungefähr hieß der Aufsatz von Ernst Nolte, der den „Historikerstreit" mit auslöste, *Vergangenheit, die nicht vergehen will* (in: *Frankfurter Allgemeine Zeitung*, 6.6.1986).

38 Vgl. z.B. die Rede der sächsischen NPD vom „Bombenholocaust" in Dresden 2005. Das „Allgemeinwissen" vom Kollektivschuldvorwurf, der von den Alliierten in keinem einzigen offiziellen Dokument erhoben wurde, deutet auf einen Projektionsprozess hin. Vgl. grundlegend zu den bereits ab 1945 feststellbaren Entlastungsstrategien: Adorno, Theodor W.: *Schuld und Abwehr*, in: Pollock, Friedrich (Hg.): *Gruppenexperiment. Ein Studienbericht*, Frankfurt 1955.

39 Der Aussage, dass die Juden gar an ihrer Verfolgung eine Mitschuld tragen, stimmten zwischen neun und 18 Prozent zu. Vgl.

Zick, Andreas; Küpper, Beate: *Antisemitismus in Deutschland und Europa*, in: *Aus Politik und Zeitgeschichte*, Nr. 31/2007, S. 17.

40 Vgl. Küpper/Zick 2007; dies.: *Antisemitische Mentalitäten. Bericht über Ergebnisse des Forschungsprojektes Gruppenbezogene Menschenfeindlichkeit in Deutschland und Europa. Expertise für den Expertenkreis Antisemitismus*, Bielefeld 2011, S. 20; Heitmeyer, Wilhelm (Hg.): *2012 – Deutsche Zustände 10*, Frankfurt 2012, S. 185 f.; Hagemann, Steffen; Nathanson, Roby: *Deutschland und Israel heute*, Gütersloh 2015.

41 Vgl. Adorno 1955: 375 f.; Zick/Küpper 2007; Hagemann/Nathanson 2015.

42 Heitmeyer (Hg.): *Deutsche Zustände 3*, Frankfurt 2005, S. 151; Zick/Küpper 2011: S. 23; Leibold, Jürgen u.a.: *Mehr oder weniger erwünscht? Entwicklung und Akzeptanz von Vorurteilen gegenüber Muslimen und Juden*, in: Heitmeyer 2012: S. 185 f.; Hagemann/Nathanson 2015.

43 Vgl. Schwarz-Friesel, Monika; Reinharz, Jehuda: *Die Sprache der Judenfeindschaft im 21. Jahrhundert*, Berlin 2013.

44 Bergmann/Erb 1991, S. 216.

45 Zitiert nach Broder 1986: 125.

46 Leibold u.a. 2012: 185 f.; Bergmann 2008: 7; Küpper/Zick 2007.

47 Quick und *Frankfurter Allgemeine Zeitung* 1986 (zit. n. Haury 2002, S. 151 f.)

48 Walser, Martin: *Erfahrungen beim Verfassen einer Sonntagsrede*, Frankfurt 1998, S. 46.

49 Heitmeyer (Hg.) 2005, S. 231 f.

50 Alle SED-Zitate aus den Jahren 1948-1953 dieses Abschnitts stammen (soweit nicht anders angegeben) aus offiziellen Erklärungen von Zentralkomitee und Politbüro der SED, aus den offiziellen Parteiorganen *Einheit* und *Neues Deutschland* sowie aus Schriften der obersten SED-Parteiführung wie Wilhelm Pieck, Walter Ulbricht, Alexander Abusch, Albert Norden u.a. Für genaue Belegstellen und ausführlicher s. Haury 2002, S. 349-387.

51 Allerdings ist ein deutlicher Unterschied festzuhalten: Die Ostblockstaaten forderten nie die „Zerstörung des zionistischen Staatengebildes". Den antisemitischen Antizionismus radikal auf seine ideologisch folgerichtige Spitze zu treiben, blieb der von Realpolitik entbundenen Neuen Linken vorbehalten.

52 Vgl. als frühe Kritik: Landmann 2013; s. auch Haury, Thomas: *Zur Logik des bundesdeutschen Antizionismus*, in: Poliakov 1992, S. 125-159.

53 *Unsere Zeit* vom 13.3.1975.

54 22. Delegiertenkonferenz des SDS 1967; *Flugblatt Berliner Maoisten* 1973 (zit. n. Kloke 1990, S. 77, 91).

55 Elias, Marwan: *Zionismus und deutsche Argumentation*, in: *Irland-Info* Nr.17/18, 1983, S. 93; Khella, Karam: *Der Imperialismus sitzt in den Köpfen der Linken*, in: *Redaktion „Arbeiterkampf"* (Hg.): *Deutsche Linke zwischen Israel und Palästina*, Hamburg 1988, S. 19.

56 *Nahostgruppe Freiburg: Internationale Solidarität*, Flugblatt, Freiburg 1988; Elias 1983, S. 94; *Autonome Nahostgruppe Hamburg/ Gruppe Arbeiterpolitik: Zionismus, Faschismus, Kollektivschuld*, Hamburg 1989, S. 2.

57 *Nahostgruppe Freiburg: Der Zionismus und der Volksaufstand in Palästina*, Flugblatt, Freiburg 1988.

58 *Rote Fahne*, 5.6.1974.

59 *konkret*, 28.6.1973; *Nahostgruppe Freiburg, Internationale Solidari-*

tät, 1988.

60 *Rote Presse Korrespondenz* 1973; *Palästina-Nachrichten* Nr. 7; beide zitiert nach Broder 1976, S. 35 f.

61 Redaktion *Al Karamah* (Hg.): *Es gibt kein Zurück mehr*, Gießen 1989, S. 123 ff.

62 Al *Karamah*, Nr. 3/1986, S. 18; *Antiimperialistisches Informationsbulletin* 1971, zitiert nach Broder 1976, S. 43.

63 *Al Karamah*, Nr. 3/1986, S. 18.

64 *Palästina-Komitee Bonn* 1971; *KB* 1973; *Berliner Maoisten* 1971; zit. n. Kloke 1990, S. 108.

65 *Arbeiterkampf* 1975; Konkret 1973; beide zit. n. Broder 1976, S. 42.

66 Interim Nr. 180/13.2.1992, S. 6.

67 Arbeiterkampf, zit. n. Broder 1976, S. 42; SDS zit. n. Kloke 1990, S. 80; KBW zit. n. Ludwig, Andrea: *Neue oder deutsche Linke. Nation und Nationalismus im Denken von Linken und Grünen*, Opladen 1995, S. 60.

68 Vgl. hierzu auch Postone, Moishe: *Deutschland, die Linke und der Holocaust. Politische Interventionen*, Freiburg 2005.

69 *Kommunistische Volkszeitung*, 29.1.1979.

70 Zit. n. Kloke 1990: S. 95.

71 Zit. n. Kloke 1990, S. 93.

72 KPD 1975, zit. n. Ludwig 1995, S. 56.

73 Arbeiterkampf, zit. n. Ludwig 1995, S. 57.

74 Zit. n. Kloke 1990, S. 107.

75 Flugblatt *Rote Kommentare*, 20.2.1970.

76 *Rote Fahne* 1973, zit. n. Broder 1976, S. 42.

77 Zit. n. *Rote Armee Fraktion* 1997, S. 173.

78 Vgl. Kloke 1990, S. 107 ff.; *Al Karamah* Nr. 3/1986, S. 19, 24; Nr. 9/1988, S. 12.

79 *Al Karamah* Nr. 7/1988, S. 3. Nr. 8/1988, S. 3.

80 Elias 1983, S. 92.

81 Offenberg, Mario: *Überlegungen zu Politik und Geschichte des Antisemitismus in Deutschland*, in: *Irland-Info*, Nr.17/18, August 1983, S. 104.

82 Elias 1983, S. 91.

83 *AGIT* 883, Nr. 40 vom 13.11.1969, S. 9.

84 *AGIT* Nr. 42 vom 27.11.1969, S. 5; *AGIT* Nr. 55 vom 3.4.1970, S. 11.

85 Vgl. für viele: Rabinovici u.a. 2004; Heilbronn, Christian u.a. (Hg.): *Neuer Antisemitismus?*, Berlin 2019.

86 Vgl. z.B. für die USA: Gansinger, Simon: *Antizionistische Identität*, in: Grimm, Marc; Kahmann, Bodo: *Antisemitismus im 21. Jahrhundert: Virulenz einer alten Feindschaft in Zeiten von Islamismus und Terror*, Berlin/Boston 2018, S. 411-439.

87 Sharansky, Natan: *Antisemitismus in 3-D* vom 5.3.2004, unter: www.hagalil.com/antisemitismus/europa/sharansky.htm (zuletzt abgerufen am 9.7.2019).

88 So aktuell beispielsweise die *International Holocaust Remem-*

brance Alliance. Vgl. dazu die im Mai 2016 beschlossene Arbeitsdefinition von Antisemitismus, unter: https://www.holocaustremembrance.com/de/node/196 (zuletzt abgerufen am 9.7.2019).

89 Alle Zitate aus: Haury: ... *ziehen die Fäden*, 2005, S. 72 ff.

90 Urban, Monika: *Von Ratten, Schmeißfliegen und Heuschrecken. Judenfeindliche Tiersymbolisierungen und die postfaschistischen Grenzen des Sagbaren*, Konstanz 2014, S. 213 ff.

91 *metall*, Nr. 5/Mai 2005.

92 Alle Zitate aus: *Die Welt*, 16.11.2011, sowie Feuerherdt, Alex: *Das Volk gegen ein Prozent*, in: *Jungle World* Nr. 48/1.12.2011. Das Interview mit der Aktivistin aus Los Angeles ist zu finden unter https://www.huffpost.com/entry/patricia-mcallister-fired_n_1020252 (zuletzt abgerufen am 9.7.2019).

93 Pirker, Werner: *Massenvernichtungswaffe „Demokratie"*, in: *Junge Welt* vom 22.2.2003; Ders.: *Im Zweifel für Israel*, in: *Junge Welt*, 25.4.2008.

94 Ferschke, Michael: *Nein zum Krieg gegen den Irak! Herausforderungen für die Friedensbewegung*, unter www.sozialismus-von-unten.de/archiv/argumente_nr1/krieg-gegen-irak.htm (zuletzt abgerufen am 9.7.2019); Bommarius, Christian: *Kostümierte Antisemiten*, in: *Berliner Zeitung*, 22.6.2011; http://bak-shalom.de/wp-content/2008/05/notizen_zur_veranstaltung_mit_norman-paech_neukoelln0804.pdf (zuletzt abgerufen am 20.8.2019).

95 Pirker, Werner: *Einen anderen Zionismus gibt es nicht*, in: *Junge Welt*, 24.4.2002.

96 Hein, Jan-Philipp: *Studie zu Antisemiten in der Linkspartei, Frankfurter Rundschau online* vom 18.5.2011, unter: https://www.fr.de/politik/studie-antisemiten-linkspartei-11395875.html (zuletzt abgerufen am 10.9.2019).

97 „Dierkes live", Video unter: https://www.youtube.com/watch?v=fC81JHDx90s (zuletzt abgerufen am 9.7.2019).

98 Alle Zitate aus: BDS-Kampagne: *Der Aufruf der palästinensischen Zivilgesellschaft zu BDS* vom 9.7.2005, unter: http://bds-kampagne.de/aufruf/aufruf-der-palstinensischen-zivilgesellschaft/ (zuletzt abgerufen am 9.7.2019).

99 Aufruf von Jüdischen und Israelischen Wissenschaftlern an Deutsche Parteien zu ‚BDS', 15.05.2019, unter https://de.scribd.com/document/410140639/Aufruf-von-Jüdischen-und-Israelischen-Wissenschaftler-an-Deutsche-Parteien-zu-BDS (zuletzt abgerufen am 9.7.2019).

100 Omar Barghouti - *BDS - The Global Struggle For Palestinian Rights*, Video unter https://www.youtube.com/watch?v=8QODAPfPAaw&amp=&feature=youtu.be&amp=&t=143 (zuletzt abgerufen am 9.7.2019).

101 Vgl. z.B. Feuerherdt, Alex: *Schweizer Kooperation mit israelfeindlichen NGOs: ein Anfang vom Ende?, Audiatur online*, 11.09.2017, unter: https://www.audiatur-online.ch/2017/09/11/schweizer-kooperation-mit-israelfeindlichen-ngos-ein-anfang-vom-ende/; *Passover blood libel in Hanan Ashrawi's Miftah website* vom 28.03.2013, unter: http://elderofziyon.blogspot.com/2013/03/passover-blood-libel-in-hanan-ashrawis.html; *Miftah silently removes its essay praising suicide bombers* vom 3.4.2013, unter: http://elderofziyon.blogspot.com/2013/04/miftah-removes-its-essay-praising.html (alle zuletzt abgerufen am 20.8.2019).

102 Vgl. BDS Berlin, *Palästinensische Frauen im Befreiungskampf*, 13.3.2019, unter http://bdsberlin.org/2019/03/13/palaestinensische-frauen-im-befreiungskampf/; Schindler, Frederik: *Verurteilte Terroristin soll auftreten, taz online* vom 13.3.2019, unter http://www.taz.de/Veranstaltung-mit-Rasmea-Odeh-in-Berlin/!5580444/ (beide zuletzt am 9.7.2019 abgerufen); Leemhuis, Remko: *Die antisemitische Boykottkampagne gegen Israel*, Berlin 2018, S. 16.

103 Kopietz, Andreas: *Ihr sollt alle vergast werden! Polizei ermittelt nach Demo in Kreuzberg, Berliner Zeitung online* vom 7.3.2016, unter https://www.berliner-zeitung.de/berlin/polizei/-ihr-sollt-alle-vergast-werden-----polizei-ermittelt-nach-demo-in-kreuzberg-23683134 (zuletzt abgerufen am 9.7.2019); Leemhuis 2018, S. 14 ff; Schönball, Ralf: *Drei Israel-Gegner stören Veranstaltung in der Humboldt-Uni, Tagesspiegel online* vom 23.6.2017, unter https://www.tagesspiegel.de/berlin/antisemitismus-in-berlin-drei-israel-gegner-stoeren-veranstaltung-in-der-humboldt-uni/19974986.html (zuletzt abgerufen am 9.7.2019).

104 in: Mustafa, Ali: *‚Boycotts work': An interview with Omar Barghouti, The electronic intifada*, 31.5.2009, unter: https://electronicintifada.net/content/boycotts-work-interview-omar-barghouti/8263 (zuletzt abgerufen am 9.7.2019).

105 *Omar Barghouti – Strategies for change*, Video unter https://vimeo.com/75201955 (zuletzt abgerufen am 9.7.2019).

106 Barghouti, Omar: *Relative Humanity: The Fundamental Obstacle to a One-State Solution in Historic Palestine, The electronic intifada*, 6.1.2004, unter: https://electronicintifada.net/content/relative-humanity-fundamental-obstacle-one-state-solution-historic-palestine-22/4940 (zuletzt abgerufen am 9.7.2019).

107 https://bdsmovement.net/news/israel%E2%80%99s-legal-warfare-bds-fosters-repression-and-mccarthyism-across-world (zuletzt abgerufen am 20.8.2019).

108 Cattori, Silvia: Omar Barghouti: *‚No State Has the Right to Exist as a Racist State', Voltairenet.org* vom 7.12.2007, unter: https://www.voltairenet.org/article153536.html (zuletzt abgerufen am 9.7.2019), *Rabbi Lord sacks on Anti-Semitism*, Video unter: https://www.youtube.com/watch?v=1FtH5SGz7qA (zuletzt abgerufen am 9.7.2019).

109 The many lies of Omar Barghouti, Video unter https://www.youtube.com/watch?v=5sdieDhMkro&t=25s (abgerufen am 9.7.2019).

BEREITS ERSCHIENEN IN DER REIHE SIND:

Unser Präventionsansatz
Eine gute und nachhaltige Präventionsarbeit an unseren Schulen stärkt Kinder und Jugendliche, sich für eine demokratische Gesellschaft, für Menschenrechte und ein solidarisches Miteinander einzusetzen. Der Präventionsansatz von Schule ohne Rassismus – Schule mit Courage wendet sich gegen alle Ideologien der Ungleichwertigkeit.

Gender & Islam in Deutschland
Im schulischen Alltag gibt es derzeit große Unsicherheiten im Umgang mit Kindern und Jugendlichen aus muslimischen Familien. Dieser Baustein möchte die Pädagog*innen in ihrer interkulturellen Kompetenz stärken, damit sie auch gegenüber diesen Schüler*innen ihrem Bildungsauftrag im Sinne des Kindeswohls nachkommen können.

Die Rolle der Schulsozialarbeit
Der Baustein „Die Rolle der Schulsozialarbeit in der Menschenrechtserziehung" zeigt auf, warum Schulsozialarbeit für eine diskriminierungssensible Schule so wichtig ist und benennt Voraussetzungen einer erfolgreichen Zusammenarbeit von Schule und Jugendhilfe.

Reden über Rassismus in Deutschland
In dem vierten Baustein debattieren Aktivist*innen und Journalist*innen generationsübergreifend über Rassismus, Antirassismusarbeit in Deutschland, Rassismusbegriffe und Ansätze der Kritischen Weißseinsforschung.

Antisemitismus und Migration
Antisemitismus macht vor den Schulen nicht halt. Besondere Aufmerksamkeit erfährt dabei in letzter Zeit die Frage, ob eine originär muslimische Judenfeindschaft für die Zunahme antisemitischer Einstellungen in Deutschland verantwortlich sei. Diese Debatte greift der Islamwissenschaftler Dr. Michael Kiefer auf.

Transanationaler Extremismus
Ultranationalismus, Rechtsextremismus unter migrantischen Gruppen sowie Antisemitismus und Islamismus stellen für Pädagog*innen eine Herausforderung dar – unter anderem, weil diese transnationalen Extremismen nicht nur durch gesellschaftliche Verhältnisse in Deutschland geprägt sind, sondern auch durch Dynamiken in anderen Ländern.

Antimuslimischer Populismus
Antimuslimischer Populismus ist der Treibstoff des Rechtspopulismus in Deutschland und Europa. Der Islam dient dabei als Projektionsfläche für Feindbildkonstruktionen, die bis in die Mitte der Gesellschaft hinein Wirkung entfalten. Sie sind Ausdruck einer neuen Form des Rassismus, in der die tatsächliche oder auch nur zugeschriebene religiöse Zugehörigkeit ethnisiert wird.

Bestellen Sie online im Courage-Shop (2,95 € inklusive Versand) oder downloaden Sie dort die PDF-Datei.

Gefördert vom

Bundesministerium
für Familie, Senioren, Frauen
und Jugend

im Rahmen des Bundesprogramms

Demokratie leben!

Die Veröffentlichungen stellen keine Meinungsäußerung des BMFSFJ oder des BAFzA dar. Für inhaltliche Aussagen trägt der Autor/die Autorin bzw. tragen die Autoren/die Autorinnen die Verantwortung.